Inhalt

Wegweiser

Dieses Buch wendet sich an Praktiker. Die folgenden drei Symbole führen Sie schnell zum Ziel:

 Dieses Symbol markiert **Anwendungstipps:** Hier erfahren Sie, wie Sie bei der Umsetzung am besten vorgehen.

 Hier geben wir Ihnen **Praxisbeispiele,** die zeigen, wie die Thematik von anderen konkret umgesetzt wird.

 Wo Sie dieses Symbol sehen, weisen wir Sie auf **Hürden und Hindernisse** hin, die einer Umsetzung erfahrungsgemäß oft im Wege stehen.

1 Einleitung

1.1 Beschaffungsmanagement

Eine Unterscheidung in operative und strategische Tätigkeiten findet sich heute in fast allen Funktions- und Unternehmensbereichen, so z. B. im strategischen Management, im Marketing, im Produktionsmanagement – und auch im Beschaffungsmanagement. Während das Marketing sich schon vor einigen Jahrzehnten zu einer strategischen Funktion entwickelte, die einen wichtigen Beitrag zur Steigerung des Unternehmenswertes leistet, hat das Beschaffungsmanagement diesen Schritt erst in letzter Zeit geschafft. Der Wandel der Beschaffung von einer abwicklungsorientierten Versorgungsfunktion hin zu einer Funktion, die den Unternehmenserfolg ganz wesentlich mitbestimmen kann, verlangt den Einsatz geeigneter Instrumentarien.

1.1.1 Operatives Instrumentarium

Das operative Beschaffungsmanagement umfasst eher **nach innen** gerichtete Aufgaben.

Das operative Instrumentarium zielt primär auf:

▶ Vereinfachung von Abläufen im Einkauf,
▶ Bedarfsermittlung,
▶ Materialdisposition,
▶ Abwicklung einzelner Transaktionen.

Entwicklungs-stufe der Beschaffung	Zielgrößen	Methoden und Konzepte (Beispiele)
Abwicklungs-orientierte Versorgungs-funktion *bis 1975*	Verfügbarkeit und Preis	• Beschaffungsmarkt-forschung • Materialdisposition
Integrierte Material-wirtschaft *1975 bis 1985*	Kosten und Qualität	• Beschaffungsmarketing • Pooling • Wertanalyse und Standardisierung • Global-Sourcing
Supply Management *1985 bis 1995*	Total-Cost-of-Ownership, Time-to-Market und Flexibilität	• Outsourcing und Make-or-Buy • Early-Supplier-Involvement • Just-in-Time • Beschaffungslogistik
Externes Ressourcen-management *seit 1995*	Unternehmens-wert und Agilität	• Netzwerk- und Koopera-tionsmanagement • Cross-funktionale Teams • *Lieferantenmanagement* • E-Procurement

Bild 1: *Wandel der Beschaffung*

1.1.2 Strategisches Instrumentarium

Das strategische Beschaffungsmanagement hingegen versucht, Rahmenbedingungen des Beschaffungsmarktes und Beziehungsmuster mittel- und langfristig zu beeinflussen und bestehende Ablauf- und Aufbauorganisationen zu verbessern. Damit weist das strategische Beschaffungsmanagement **sowohl nach außen als auch nach innen** gerichtete Komponenten auf.

Die wichtigsten Instrumente des strategischen Beschaffungsmanagements sind:

▶ **Beschaffungsprogrammpolitik:** Die Festlegung der Beschaffungsobjekte nach Art, Eigenschaft und Qualität beeinflusst stark den relevanten Beschaffungsmarkt und die relevanten Lieferanten.

▶ **Gestaltung der Sourcing-Strategie:** Durch die Variablen Lieferant (Sole, Single, Dual, Multiple), Beschaffungszeit (Stock, Demand-Tailored, JIT), Beschaffungssubjekt (Individual, Collective) und Beschaffungsareal (Local, Global) kann der Einkauf die Sourcing-Strategie gestalten.

▶ **Preis- und Konditionenpolitik:** Die Bereitschaft von Lieferanten und Abnehmern, Waren auszutauschen, wird von Preisen, Mengen und Konditionen bestimmt. Die Beschaffung setzt diese drei Faktoren so in Beziehung, dass die am Markt gegebenen Möglichkeiten optimal ausgeschöpft werden.

▶ **Kommunikationspolitik:** Die Beschaffung muss Informationen besorgen und weitergeben. Sie hat deshalb eine interne und externe Informationsfunktion, betreibt Kontaktpflege mit Lieferanten, Imagegestaltung und Beschaffungswerbung und ist kontinuierlich in der Beschaffungsmarktforschung aktiv.

▶ **Gestaltung der Beschaffungsorganisation:** Die Organisationsgestaltung wirkt sich auf die Güte der Informationsflüsse zwischen dem Unternehmen und den Beschaffungsmärkten, das interne Beziehungsmanagement (F&E/Beschaffung, Produktion/Beschaffung, Marketing/Beschaffung), die Ausnutzung der Nachfragemacht des Unternehmens, die Realisierung von unternehmensübergreifenden Bündelungsvorteilen und die Ausnutzung der Möglichkeiten des Global-Sourcings aus.

▶ **Gestaltung von Lieferantenportfolios und Lieferantenbeziehungen:** Mit der Stärkung der strategischen Aufgaben rücken der Lieferant und die Beziehungen zu Lieferanten immer mehr in den Mittelpunkt. Die Gestaltung von Lieferantenbeziehungen stützt sich auf eine Reihe strategischer Aktivitäten, wie z. B. die Gestaltung der Lieferantenpolitik, Reverse-Marketing, Lieferantenentwicklung oder Relationship Marketing.

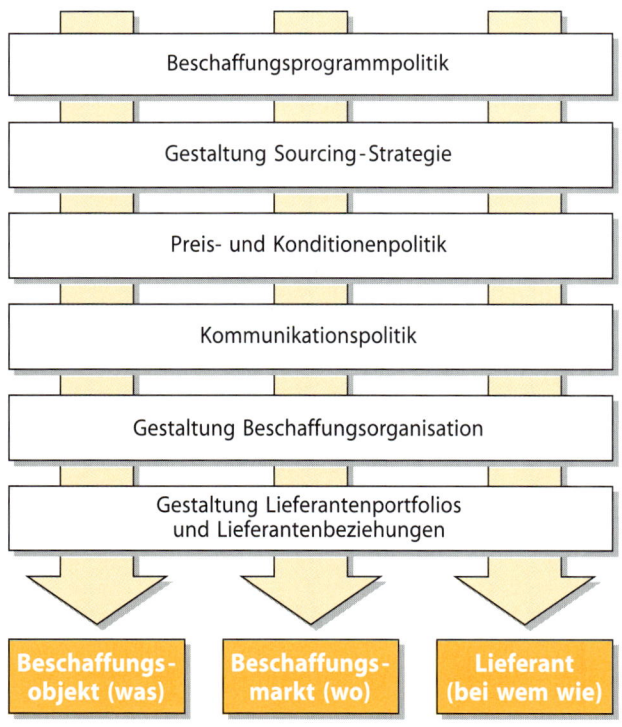

Bild 2: *Hebel der Beschaffung*

Der Einsatz der Instrumente des strategischen Beschaffungsmanagements kann – im Gegensatz zu den operativen Instrumentarien – nicht isoliert in der Beschaffung beurteilt werden. Vielmehr hat ihr Einsatz in enger Abstimmung mit der Unternehmensstrategie zu erfolgen. Außerdem bestehen zwischen den einzelnen Instrumentarien des strategischen Beschaffungsmanagements häufig Abhängigkeiten.

Bei den Instrumentarien des strategischen Beschaffungsmanagements gibt es drei Hebel. Die drei Hebel beantworten zusammen nachstehende Frage: Was (Beschaffungsobjekt) soll wo (Beschaffungsmarkt), beim wem und wie (Lieferant) beschafft werden? Der Lieferant und das Lieferantenmanagement nehmen eine zentrale Rolle im Beschaffungsmanagement ein.

1.2　Was ist Lieferantenmanagement?

Lieferantenmanagement ist die **Gestaltung**, **Lenkung** und **Entwicklung** von Lieferantenportfolios und Lieferantenbeziehungen eines Unternehmens. Die Erfahrung aus vielen Projekten zeigt, dass sich Abnehmer und Lieferanten beim Lieferantenmanagement auf drei wesentliche Aktivitäten konzentrieren können:

▶ Management der Lieferantenbasis,
▶ Lieferantenentwicklung,
▶ Lieferantenintegration.

Lieferantenstrategien setzen langfristige Leitplanken und schaffen so einen Rahmen bei der Umsetzung des Lieferantenmanagements.

So wie das Personalmanagement um die Optimierung, Entwicklung und Integration der Mitarbeiter bemüht ist, um das Unternehmen optimal mit menschlichen Ressourcen zu versorgen, stellt der Einkauf sicher, dass leistungsfähige Lieferanten das Unternehmen heute und in Zukunft mit Wissen, Materialien und Leistungen in der richtigen Qualität und Quantität versorgen.

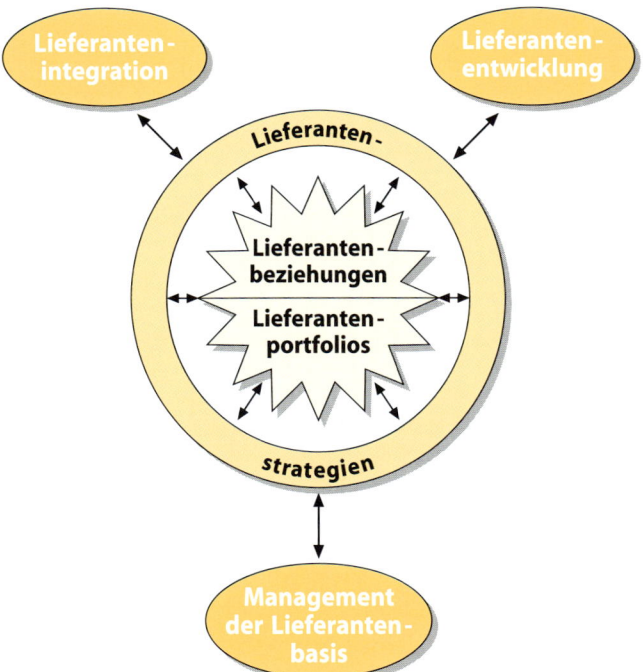

Bild 3: *Rahmen des Lieferantenmanagements*

Der Aufbau von Kompetenzen im Lieferantenmanagement bleibt eine fortwährende Herausforderung für Unternehmen aller Branchen. Unternehmen müssen diejenigen

Lieferanten auswählen, welche ihre Bedürfnisse am besten erfüllen, und eine optimale Beziehung zu diesen Lieferanten aufbauen. Im Beschaffungsmanagement führende Unternehmen, wie Siemens oder DaimlerChrysler, erkennen die ihnen aus der Zusammenarbeit mit einer optimalen Lieferantenbasis entstehenden Vorteile und arbeiten deshalb kontinuierlich an der Verbesserung ihres Lieferantenmanagements.

1.2.1 Lieferantenbeziehungen

Kurzfristig versteht man darunter

▶ alle Planungs-, Entscheidungs- und Verhandlungsprozesse und
▶ sämtliche Güter- (Waren und Dienstleistungen), Informations- und Werteflüsse,

also einzelne Austauschbeziehungen zwischen Abnehmern und Lieferanten.

Langfristig betrachtet umfasst die Lieferantenbeziehung

▶ die Anbahnung,
▶ den Aufbau,
▶ die Entwicklung und
▶ die Beendigung

von Geschäftsbeziehungen mit Lieferanten. Hier geht es um das Management der Beziehung im Zeitverlauf.

 Die Gestaltung von Lieferantenbeziehungen muss stets dem Beziehungstyp (Opportunismus oder Partnerschaft) und der Projektphase (Entwicklungsphase oder Industrialisierungsphase) angepasst sein.

1.2.2 Lieferantenportfolios

Unter einem Lieferantenportfolio (gleichbedeutend mit Lieferantenbasis) versteht man die Summe aller Lieferantenbeziehungen eines Unternehmens.

 Lieferantenportfolios sollten nicht nur für das Gesamtunternehmen beschrieben und optimiert werden, sondern auch für einzelne Materialgruppen.

Dies ist notwendig, da sich die Beschaffungsmärkte und damit die Strategien von Materialgruppe zu Materialgruppe erheblich unterscheiden können.

1.2.3 Lieferantenstrategien

In Lieferantenstrategien legt das Unternehmen die langfristigen Ziele der Lieferantenbeziehungen und Lieferantenportfolios fest, identifiziert die Maßnahmen zur Zielerreichung und teilt die notwendigen Ressourcen zu. Lieferantenstrategien setzen damit Leitplanken und schaffen einen Rahmen bei der Umsetzung.

 Die Zusammensetzung der Lieferantenbasis und die Lieferantenbeziehungen müssen über Lieferantenstrategien mit den Unternehmenszielen verknüpft, bzw. aus diesen abgeleitet sein.

1.2.4 Management der Lieferantenbasis

Änderungen im Beschaffungsportfolio und Wandel auf den Beschaffungsmärkten erfordern beim Management der Lieferantenbasis Aktivitäten wie:

- Optimierung der Lieferantenanzahl,
- Segmentierung des Lieferantenportfolios,
- Lieferantenbeurteilung,
- Lieferantenauswahl,
- Key Supplier Management,
- Top-Management Involvierung,
- Lieferantenbewertung,
- Lieferantenauditierung,
- Lieferantenkommunikation,
- Lieferantentage,
- Lieferantenauszeichnungen.

Jedes Unternehmen ist gezwungen, seine Lieferantenbasis aktiv zu gestalten. Dazu reduzieren sie ihre Lieferantenbasis, segmentieren die Lieferantenportfolios, wählen Lieferanten aus und bewerten regelmäßig deren Leistungsfähigkeit.

1.2.5 Lieferantenentwicklung

Bei der Lieferantenentwicklung unterstützt ein Unternehmen seine Lieferanten aktiv:

- **Lieferantenförderung:** Entwicklung eines bestehenden Lieferanten, eine angebotene Leistung effizienter zu erbringen als bisher.
- **Lieferantenaufbau:** Entwicklung eines neuen oder potenziellen Lieferanten.

 Da ein Lieferantenwechsel oder die Übernahme eines Lieferanten erhebliche Nachteile für Unternehmen mit sich bringen kann, sollte man Lieferantenentwicklung stets als Alternative bei Lieferantendefiziten in Erwägung ziehen.

1.2.6 Lieferantenintegration

In der Entwicklungsphase legen Abnehmer und Lieferanten gemeinsam die Basis für innovative und marktorientierte Produkte und Projekte. Durch enge Lieferantenanbindung versucht man gemeinsam in der folgenden Industrialisierungsphase die Produkterstellung kontinuierlich zu verbessern.

Bei der Lieferantenintegration muss man zwischen zwei Arten Unterscheiden:

▶ **Integration in der Entwicklungsphase:** Normstrategien hängen von der Entwicklungsverantwortung des Lieferanten und dem Entwicklungsrisiko für den Abnehmer ab.

▶ **Integration in der Industrialisierungsphase:** Normstrategien hängen von der logistischen Verantwortung des Lieferanten und dem logistischen Risiko für den Abnehmer ab.

 Da die Integrationsstrategien (Normstrategien) unterschiedliche Anforderungen an die Ressourcen beim Abnehmer stellen, muss das Gesamtportfolio aller Strategien ausgewogen sein.

1.3 Aktualität des Themas

Unternehmen gehen davon aus, dass Lieferantenmanagement in Zukunft noch erheblich an Relevanz gewinnt. Wie dringend sie Lösungen zum besseren Lieferantenmanagement suchen verdeutlichen einige aktuelle Umfragen:

▶ In einer Befragung von 173 Industrieunternehmen aus Deutschland, Österreich und der Schweiz fand man heraus, dass die Bedeutung des Lieferantenmanagements – vereinfacht ausgedrückt – **in fünf Jahren um mehr als ein Drittel zunehmen** wird. Vor allem beim Management der Lieferantenbasis und bei der Lieferantenintegration sehen die Unternehmen einen großen Nachholbedarf.

▶ Eine Benchmarking-Studie mit insgesamt 410 Einkäufern aus neun europäischen Ländern zeigte, dass sich **79 %** der Befragten der **hohen Bedeutung des Lieferantenmanagements bewusst** sind. Gleichzeitig mussten die Industrieunternehmen, Banken, Versicherungen, Ver- und Entsorgungsbetriebe, Telekommunikations- und Medienunternehmen und Unternehmen des Transport- und Verkehrswesens erkennen, dass bisher nur bei **19 %** eine **Umsetzung des Lieferantenmanagements stattfand**. Das Defizit war beim Lieferantenmanagement mit 60 %-Punkten am gravierendsten. Es folgten: der Einsatz neuer Medien und E-Commerce (55 %-Punkte), Organisationskonzepte zur Bedarfsbündelung (28 %-Punkte) und moderne Controllinginstrumente (14 %-Punkte).

▶ Nahezu 500 Chief Executive Officers (CEO) von Großunternehmen identifizierten die **Ausnutzung von Lieferantenbeziehungen als „sehr kritisch"** für den Erfolg ihres Unternehmens. Gleichzeitig sehen sie **zahlreiche organisatorische Hindernisse** bei der Umsetzung effektiver Lieferantenbeziehungen. Das Hauptproblem besteht darin, dass es zu viele konkurrierende Initiativen in ihrem Unternehmen gibt (genannt von 56 % der CEOs). Ferner bemängeln sie die Kooperation zwischen Geschäftseinheiten (40 %) und das Fehlen ausreichender und objektiver Daten zur Entscheidungsfindung (32 %).

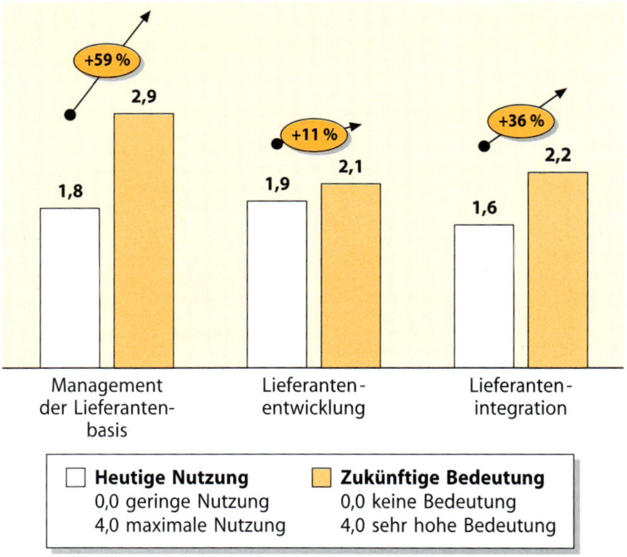

Management der Lieferantenbasis
1,8 → 2,9 (+59 %)

Lieferantenentwicklung
1,9 → 2,1 (+11 %)

Lieferantenintegration
1,6 → 2,2 (+36 %)

☐ **Heutige Nutzung**
0,0 geringe Nutzung
4,0 maximale Nutzung

☐ **Zukünftige Bedeutung**
0,0 keine Bedeutung
4,0 sehr hohe Bedeutung

Bild 4: *Lieferantenmanagement heute und in fünf Jahren*

Wer heute nicht mit der Optimierung des Lieferantenmanagements anfängt, wird noch weiter ins Hintertreffen geraten.

1.4 Aufbau des Buches

Der erste Abschnitt fasste das Grundverständnis des Lieferantenmanagements – das sich so durch die folgenden Abschnitte zieht – in sehr aggregierter Form zusammen und führte einige zentrale Grundbegriffe ein. Ferner wurde die Stellung des Lieferantenmanagements im Rahmen des Beschaffungsmanagements erläutert.

Der zweite Abschnitt systematisiert den Lieferanten anhand unterschiedlicher Kriterien.

Im dritten Abschnitt wird aufgezeigt, welchen internen und externen Einflüssen das Lieferantenmanagement widerstehen muss und warum es erforderlich ist, Lieferantenbeziehungen „aktiv" zu gestalten.

Lieferantenstrategien, deren Typologien und die Vorgehensweise bei der Erstellung und Umsetzung stehen im Mittelpunkt des vierten Abschnitts.

Die Abschnitte fünf bis sieben stellen detailliert je eine der Hauptaktivitäten des Lieferantenmanagements und die notwendigen Strategien und Voraussetzungen dar.

Der letzte Abschnitt führt alle Aktivitäten zu einem Gesamtkonzept „Lieferantenmanagement" zusammen und zeigt aktuelle Entwicklungen im Lieferantenmanagement auf.

2 Systematisierung der Lieferanten

Das Objekt des Lieferantenmanagements – den Lieferanten – kann man anhand von drei Kriterien systematisieren. Im Einzelnen sind dies:

▶ Rolle des Lieferanten (Lieferant vs. strategischer Lieferant),
▶ Klassifizierung des Lieferanten (Teile- vs. Systemlieferant),
▶ Positionierung des Lieferanten im Zuliefernetzwerk (Tier-Stufe).

 Ohne eine Systematisierung der Lieferanten und ohne ausreichende Kenntnisse des Einkäufers darüber wird die Verfolgung stringenter Lieferantenstrategien erheblich erschwert.

2.1 Rolle des Lieferanten

Der Einkauf sollte jedes zu beschaffende Material, Teil oder System implizit oder explizit in einer Vier-Felder-Matrix positionieren:

▶ unkritische Materialien,
▶ Hebelmaterialien,
▶ Engpassmaterialien,
▶ strategische Materialien.

Die Positionierung ergibt sich aus der **strategischen Bedeutung des Beschaffungsobjektes** (Beitrag zur Wertschöpfung, Anteil der Materialkosten an den Gesamtkosten, Gewinnbeitrag) und der **Komplexität des Beschaffungsmarktes** (Angebot und Nachfrage, technologische Entwicklung, Materialsubstitution, Eintrittsbarrieren, Logistikkosten). Die Positionierung beeinflusst wiederum die Rolle der Lieferanten. Diese können aus Sicht des Abnehmers i. d. R. vier verschiedene Rollen einnehmen:

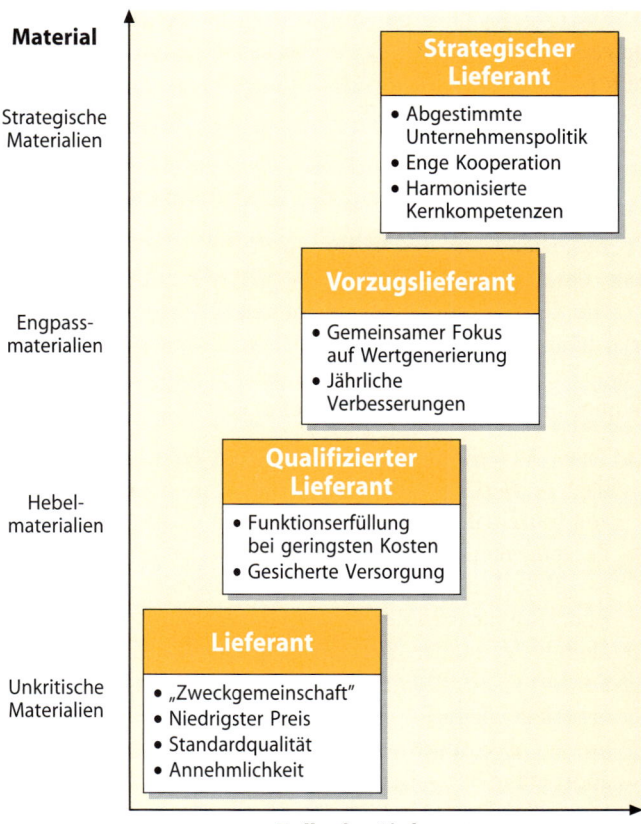

Bild 5: *Rolle des Lieferanten*

- Lieferant,
- qualifizierter Lieferant,
- Vorzugslieferant,
- strategischer Lieferant.

Strategische Lieferanten erfordern beim Lieferantenmanagement eine besondere Aufmerksamkeit, da es sich hier um langfristige Geschäftsbeziehungen handelt, die ein großes Engagement zum Aufbau und zum Unterhalt erfordern.

2.2 Klassifizierung des Lieferanten

Ausgehend vom Beschaffungsprogramm der Hersteller ist eine darauf basierende Lieferantenklassifizierung sinnvoll.

Die Klassifizierung der Lieferanten für Produktionsmaterial kann man anhand der beiden Kriterien Industrialisierungskompetenz (Fertigungskompetenz) und Entwicklungskompetenz (Technologiekompetenz) vornehmen:

- **Teile-, Materiallieferant:** Die Kompetenz des Lieferanten liegt in Werkstofftechnologien und rationeller Fertigung von Einzelteilen (Beispiel: Metallteile).
- **Komponenten-, Funktionsgruppenlieferant:** Der Lieferant ist fähig, Teile zu fertigen und zu montieren (Beispiel: Bildröhre für Fernseher).
- **Modullieferant:** Der Lieferant baut mehrere Teile und Funktionsgruppen zusammen und liefert umfangreiche, einbaufähige Module – meist Just-in-Time in den Fertigungsprozess des Abnehmers. Entwicklungsleistung und -verantwortung liegen beim Abnehmer (Beispiel: Autositze).
- **Systemlieferant:** Der Lieferant bietet eine von ihm selbst entwickelte funktionale Einheit an (Beispiel: Kartenleseeinheit für Automaten).

Die höchsten Ansprüche sowohl an die Entwicklungs- als auch die Fertigungskompetenz werden an Systemlieferanten gestellt. Die wichtigsten Anforderungen, die heute weltweit nur wenige Unternehmen erfüllen, sind:

- Fähigkeit zur Systemintegration durch Beherrschung mehrerer inhouse verfügbarer Technologien,
- umfassendes Projektmanagement,
- optimale Gestaltung der Wertschöpfungskette durch professionelles Management der Unterlieferanten,
- Komplexitätsbeherrschung,
- Übernahme von Markt- und Gewährleistungsrisiken,
- Finanzkraft für F&E,
- weltweite JIT-Werke.

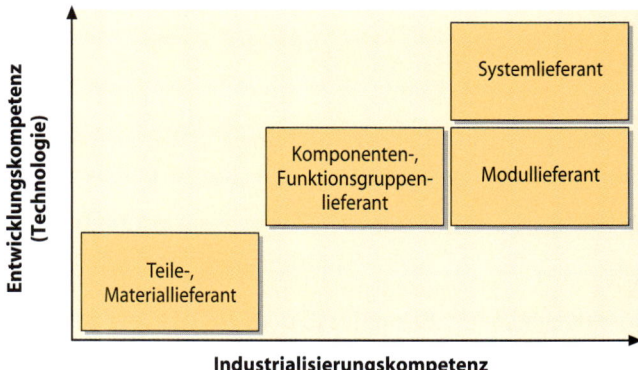

Bild 6: *Bestimmungskriterien der Lieferantenklassifizierung*

Der Automobilzulieferer **Webasto**, Hersteller von Dach- und Thermosystemen, verwendet bei seinen Lieferanten folgende Lieferantenklassifizierung:
- Production Partner liefern nach Zeichnungen von Webasto;
- Engineering Partner leisten Entwicklungssupport;
- System Partner liefern Baugruppen oder Systeme mit eigener Entwicklungsleistung.

Webasto leitet aus der Lieferantenklassifizierung und dem Beschaffungsobjekt ein „Requirement Profile" ab, dessen Erreichung anhand des Supplier Ratings überprüft wird. Die Lieferantenklassifizierung ist nicht statisch. Vielmehr können sich Lieferanten von einer Klassifizierung zur anderen entwickeln. Dichtungen bilden einen wichtigen Qualitätsaspekt bei Schiebedächern und wurden deshalb in der Vergangenheit ausschließlich von Webasto selbst entwickelt. Trotz dieses „Sicherheitsdenkens" entstanden immer wieder Probleme, zu deren Lösung Lieferanten-Know-how erforderlich war. Frühere Production Partner stiegen dadurch zum Engineering Partner von Webasto auf.

Weitere Lieferantenklassifizierungen außerhalb des Produktionsmaterials sind:

▶ **Handelswarenlieferant:** Der Lieferant bietet Produkte an, die das eigene Produktspektrum sinnvoll ergänzen.

▶ **Anlagen-, Maschinenlieferant:** Lieferung von Anlagen und Maschinen für produktive und administrative Prozesse.

▶ **Dienstleister, Servicelieferant:** Flexible Bereitstellung von Dienstleistungen, die nicht zu den Kernkompetenzen des Abnehmers gehören.

2.3   Positionierung im Zuliefernetzwerk

In den vergangenen Jahren haben sich die Zulieferpyramiden, -ketten oder -netzwerke in vielen Industrien gravierend verändert. Am deutlichsten konnte man dies in den 90er Jahren in der Automobilindustrie beobachten. Modul- und Systemlieferanten verdrängten Teile- und Komponentenlieferanten. Es bildeten sich sog. Tier-Strukturen heraus, in denen Lieferanten der jeweiligen Stufe spezielle Aufgaben bezüglich F&E, Produktion und Logistik zukommen.

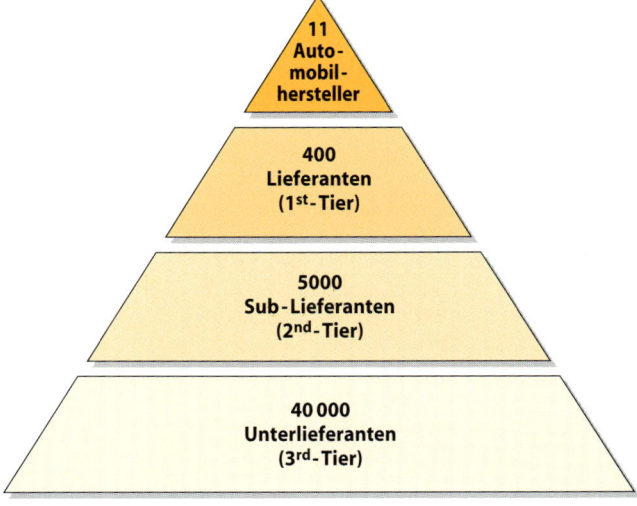

Bild 7: *Japanische Lieferantenpyramide*

Original Equipment Manufacturers (OEM) beziehen einen größeren Lieferanteil von wenigen, leistungsstarken Lieferanten. Es entstanden Zulieferpyramiden, bei denen sich die Hersteller an der Spitze befinden, darunter wenige 1st-

Tier-Lieferanten, unter diesen eine größere Anzahl 2nd-Tier-Lieferanten usw.

Jedes Unternehmen in diesem Netzwerk sollte die Aufgaben wahrnehmen, die es besser beherrscht als die übrigen Mitglieder des Netzwerkes. Lieferanten müssen sich entsprechend ihren Fähigkeiten und Zielen in den Zulieferpyramiden positionieren. Die richtige Position im Lieferantennetzwerk hängt stark von der Unternehmensgröße und dem Ressourcenpotenzial des Lieferanten ab. So haben nur wenige große Zulieferer („Mega-Suppliers") die Kraft, sich auf der ersten Stufe zum Wertschöpfungspartner zu entwickeln. Kleinere Zulieferer schaffen es höchstens zum Entwicklungs- oder Produktionsspezialisten, und dies oftmals nur unter der Voraussetzung, dass sie von einer ressourcenstarken Muttergesellschaft unterstützt werden.

 Der Abnehmer muss die derzeitige und zukünftige Positionierung eines Lieferanten in der Zulieferpyramide sorgfältig beobachten, da sich diese oftmals auf die Gewinnsituation des Lieferanten auswirkt. Mittel- bis langfristig können finanzschwache Lieferanten eine Gefahr für den Abnehmer bedeuten.

3 Aktives Management

3.1 Aktives vs. passives Verhalten

Grundsätzlich stehen dem Einkauf zwei Verhaltensweisen offen:

▶ **Passives (reaktives) Verhalten:** Ziel ist die Ausschöpfung der Potenziale innerhalb intern und extern vorgegebener Grenzen durch Maßnahmen des Lieferantenmanagements, die eher konservativ geprägt sind.

▶ **Aktives Verhalten:** Ziel ist die Ausschöpfung sämtlicher Potenziale der Lieferanten und des Beschaffungsmarktes durch progressives und professionelles Lieferantenmanagement.

Interne Veränderungen und Veränderungen im Unternehmensumfeld erfordern eine permanente Anpassung des Lieferantenmanagements einer Unternehmung.

Während sich Lieferantenbeziehungen früher in der Mehrzahl organisch entwickelten, geht es heute darum, sie zu gestalten.

Damit der Abnehmer sich abzeichnende Chancen rasch nutzen kann, muss er Lieferantenmanagement **aktiv** betreiben.

 Gerade in der Beschaffung verdrängen oftmals operativ dringende, aber für die Zukunftssicherung unwichtige Fragen strategisch wichtige, aber nicht dringende Entscheidungen. In vielen Unternehmen fehlt deshalb ein aktives, langfristig ausgerichtetes Lieferantenmanagement.

Unternehmen können die internen und externen Faktoren nur dann aktiv beeinflussen bzw. proaktiv auf Veränderungen reagieren, wenn regelmäßige Bestandsaufnahmen und Bewertungen stattfinden.

Die folgenden Checklisten helfen beim Erkennen der wichtigsten Einflüsse und der Beurteilung der möglichen Ausprägungen.

3.2   Externe Einflüsse

Faktoren	Ausprägungen
Verhandlungsmacht der Kunden	gering hoch
Verhandlungsmacht der Lieferanten	gering hoch
Wettbewerb zwischen den Unternehmen	gering hoch
Risiko neuer Wettbewerber	gering hoch
Gefahr von Substitutionsprodukten	gering hoch

Tab. 1: *Checkliste Industrie*

Faktoren	Ausprägungen
Technologieentwicklung	Prognostizierbarkeit Technologiewellen Änderungsgeschwindigkeit
Rechtliche Rahmenbedingungen (in Bezug auf)	Beschaffungsmarkt Beschaffungsprozess Produkt bzw. Material
Ausmaß der Unsicherheit des Beschaffungsmarktes	gering hoch
Ressourcenpotenziale und -verfügbarkeit	finanziell materiell personell
Makroökonomie	Wachstum Wechselkurse Zinssätze Inflation
Länderrisiken	gering hoch
Gesellschaftliche soziale Systeme	Werte Einstellungen Verhaltensweisen

Tab. 2: *Checkliste Umwelt*

3.3 Externe Veränderungen

3.3.1 Mergers & Acquisitions

Fusionen und Unternehmensübernahmen – sowohl auf Abnehmer- als auch auf Lieferantenseite – haben in den letzten Jahren enorm zugenommen. Als Folge zeichnen sich schon heute mehrere Konsequenzen für das Lieferantenmanagement ab.

Fusionierte Unternehmen können und müssen über die Konsolidierung der Lieferantenportfolios schnell Einsparungen realisieren. Durch aktives Lieferantenmanagement können Unternehmen einen Großteil der Kosten des Zusammenschlusses aufbringen.

Vom gemeinsamen Einkauf – und damit vom gemeinsamen Lieferantenmanagement – erwartete sich **DaimlerChrysler** das weitaus größte Synergiepotenzial als Ergebnis des Mergers von 1998. Ab dem Jahr 2001 sollten 42 % (ca. 1,6 Mrd. US $) des nachhaltigen Synergiepotenzials aus dem Einkauf hervorgehen. Wichtige Maßnahmenpakete waren:

- zentrale Strategie- und Prozessentwicklung (Lieferanten- und Warengruppenstrategien);
- Übertragung des Extended Enterprise-Modells auf den gesamten Konzern;
- aggressive Übernahme des Programms SCORE zur Identifikation, Verfolgung und Implementierung von Kostensenkungen bei Lieferanten;
- Entwicklung eines gemeinsamen DaimlerChrysler Lieferantenbewertungssystems;
- Aufbau einer weltweiten verantwortlichen Funktion für Procurement & Supply.

Aufgrund zahlreicher Mergers & Acquisitions bei den Zulieferern können es sich Abnehmer nicht mehr leisten, ein Lieferantenportfolio auf Jahre hinweg zu planen. Die Konsolidierung der Zulieferindustrie kann einerseits die Machtverhältnisse zwischen Abnehmern und Lieferanten zum Nachteil der Abnehmer verändern und andererseits das technologische Potenzial vieler Zulieferer verbessern.

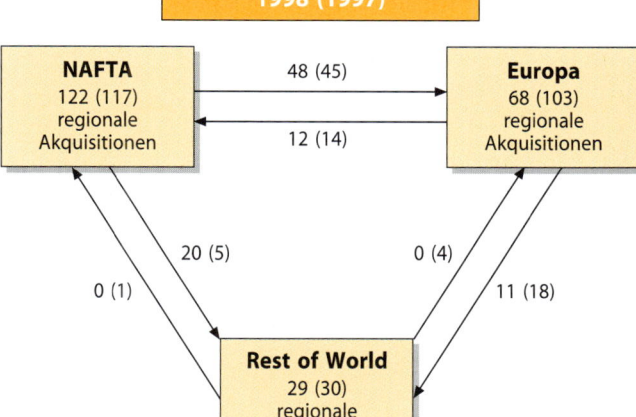

Bild 8: *Akquisitionen in der Automobilzulieferindustrie*

3.3.2 Globalisierung

Globalisierung umfasst Maßnahmen der Produkt- und Prozessmodernisierung, welche alle strategischen Ebenen der Markt- und Produktstrategien, der Logistik, der Produktion, der Arbeitsorganisation, der globalen Unternehmensstruktur und -koordination sowie ganz erheblich auch der Beschaffung einbezieht.

 Die Konsumgüterindustrie ist geprägt durch Fusionen, Globalisierung und den Aufbruch in neue Märkte. Die Kunden erwarten deshalb von ihrem Verpackungslieferanten, dass er ihnen in andere Länder folgt und weltweit höchste Qualität anbieten kann. **Gerresheimer Glas** hat sein Geschäft frühzeitig auf die veränderten Marktanforderungen ausgerichtet – sowohl bei der Vermarktung der Produkte als auch bei der Leistungserbringung. Vorlieferanten von Gerresheimer sind hier gefordert.

Lieferanten folgen den Herstellern oftmals aus eigenem Interesse in globale Märkte, müssen jedoch teilweise motiviert werden.

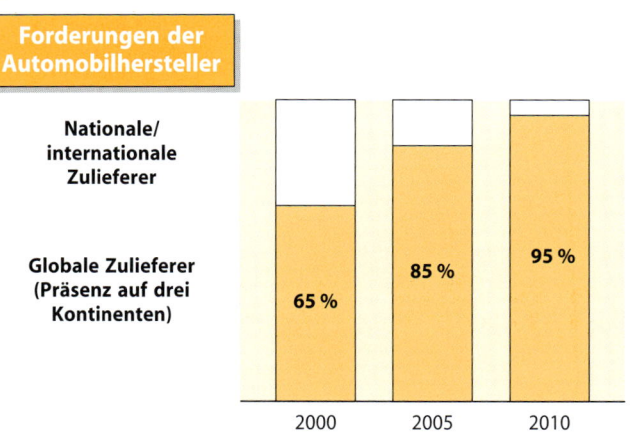

Bild 9: *Autohersteller wollen „Global Player" als Partner*

3.3.3 E-Procurement und E-Commerce

Keine der großen Erfindungen der technischen Neuzeit hat sich so schnell ausgebreitet wie das Internet. Der Internetverkehr verdoppelt sich alle 100 Tage, und die Zahl der Nutzer dürfte bis 2004 auf eine Milliarde Menschen steigen. In nur wenigen Jahren entstand ein gigantisches Netzwerk zur

▶ Information,
▶ Interaktion und
▶ Transaktion,

mit enormen Auswirkungen auf Beziehungen im Bereich B2C (Business-to-Consumer) sowie noch gravierender und erfolgversprechender im Bereich B2B (Business-to-Business).

Lieferantenbeziehung

Ein Abnehmer – ein oder mehrere Lieferanten

- E-Mail
- Einkaufs-Homepage
- Web-EDI
- etc.

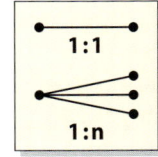

Lieferantennetzwerk

Mehrere Abnehmer – mehrere Lieferanten

- Branchennetze
  - Automobilindustrie (ANX, Covisint)
  - Handel (WorldWideRetailExchange)
  - Bauindustrie (Baunet)
  - etc.
- Branchen-unabhängige Netze
  - Verschiedene (AtradaPro, eBay)
  - Industriegüter (Industrialweb)
  - Verpackungsmaterial (Packagingexchange)
  - etc.

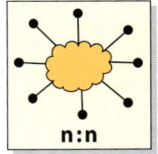

Bild 10: *Internetanwendungen in der Zusammenarbeit mit Lieferanten*

Das Aufkommen neuer Inter- und Intranetlösungen zur Informationsbeschaffung, zur Interaktion zwischen Unternehmen und zur Geschäftsabwicklung wird auch das Beschaffungs- und Lieferantenmanagement weiter revolutionieren.

 Unternehmen, die heute nicht den Grundstein für den Einsatz von Internet-Technologien beim Lieferantenmanagement legen, werden weiter ins Hintertreffen geraten.

Die Konsequenzen für Abnehmer und Lieferanten und für das Verhältnis von Geschäftspartnern zueinander sind erst in Ansätzen erkennbar und die Potenziale bei weitem nicht ausgeschöpft. An dieser Stelle können nur einige Konsequenzen antizipiert und skizziert werden.

Internetfähige Beschaffungsobjekte

Internetfähige Beschaffungsobjekte werden weiter standardisiert und die Beschaffung wird dezentral abgewickelt:

- allgemeiner Bedarf (z. B. Büro- und EDV-Bedarf),
- Verbrauchsmaterial (z. B. Betriebsmittel),
- Normteile (z. B. Verbindungselemente),
- Rohstoffe (z. B. Chemikalien),
- einfache und einfach zu spezifizierende Teile (z. B. Batterien).

Der Einkauf trifft Arrangements mit Lieferanten, virtuellen Marktplätzen oder Auktionsplattformen und stellt dem Bedarfsträger Komplettlösungen zur Verfügung. Effizientere Abwicklung und günstigere Preise stehen hier im Vordergrund. Die Segmentierung des Lieferantenportfolios muss nach anderen Kriterien erfolgen. Wegen höherer Transparenz der Märkte und größerer Standardisierung internetfähiger Beschaffungsobjekte kann sich der Einsatz opportunistischer Lieferantenbeziehungen in Zukunft wieder verstärkt anbieten.

Nicht-internetfähige Beschaffungsobjekte

Bei nicht-internetfähigen Beschaffungsobjekten bietet das Internet neue Möglichkeiten der Zusammenarbeit zwischen Abnehmer und Lieferant. Jedoch kann der Kauf von

▶ komplexen Systemen (z. B. Avionik-Systeme),
▶ Maschinen und Anlagen (z. B. Kraftwerke) oder
▶ kreativen Leistungen (z. B. Werbung)

niemals ausschließlich über das Internet abgewickelt werden. Man kann aber durch intensiveren, offenen und schnelleren Informationsaustausch unter Zuhilfenahme von Internet-Technologien dennoch riesige Erfolge erzielen:

▶ Verkürzung von Entwicklungszeiten,
▶ Integration des Lieferanten in die Produktentwicklung des Abnehmers,
▶ Technologietransfer zwischen Geschäftspartnern.

Partnerschaftliche Lieferanten-/Abnehmerverhältnisse sind hier meistens unabdingbar.

Branchennetzwerke

Branchennetzwerke wie Automotive Network eXchange (ANX) und Covisint in der Automobilindustrie, WorldWide-RetailExchange im Handel oder Baunet in der Bauindustrie, sorgen für höhere Transparenz, schnellere Abwicklung und niedrigere Kosten entlang der Wertschöpfungskette einer Branche. Neben dem eigentlichen Handel mit Produktionsmaterial geht es um den Austausch von Know-how. Dazu sind umfassende Standards erforderlich.

Glieder in dieser Wertschöpfungskette, d. h. Lieferanten, die diese neuen Standards nicht unterstützen können, verlieren den Anschluss. Zu einer Win-win-Situation kann es nur kommen, wenn das gesamte Zuliefernetzwerk eingebunden ist. Ansonsten tragen die 1st-Tier-Lieferanten die Lasten.

Branchen-unabhängige Netzwerke

Branchen-unabhängige Netzwerke spezialisieren sich nicht auf bestimmte Branchen, sondern handeln meist breite Produktpaletten an indirektem Material, sog. MRO-Material (Maintenance, Repair and Office). Horizontale Marktplätze wie AtradoPro oder Mondus haben insbesondere für kleine und mittlere Unternehmen Hunderttausende von Artikeln, wie Hard- und Software, Büroartikel oder Technik- und Elektronikprodukte im Angebot.

Lieferanten stehen dem Problem gegenüber, dass sie aufgrund des breiten Produktspektrums und den unterschiedlichen Kunden nicht über die Expertise verfügen können wie spezialisierte Branchennetzwerke. Die Erfolgsaussichten dieser Anwendungen sind noch ungewiss. Deshalb müssen Abnehmer Vorsicht walten lassen, wenn sie sich an einen Anbieter enger binden, d. h. seine Standards und Prozesse übernehmen.

Geographische Entfernungen

E-Commerce und E-Procurement schaffen geographische Entfernungen als Kommunikationshindernis ab. Jeder Abnehmer kann mit jedem Lieferanten auf der ganzen Welt in Echtzeit in Kontakt treten und umgekehrt. Das Internet beschleunigt die Entwicklung internationaler und transnationaler Geschäftsbeziehungen dramatisch.

 Bei der Lieferantenauswahl müssen Unternehmen aber ein besonderes Augenmerk auf die **operativen Fulfillment-Solutions** der Lieferanten legen.

Die Gefahr ist, dass Lieferanten zwar in der Lage sind, Geschäftsabschlüsse über das Internet zu tätigen, später den Ansprüchen an die Agilität der virtuellen Supply Chain jedoch nicht gerecht werden. Bei Unternehmen der „New Economy" mangelt es häufig an den operativen Kompetenzen in der Logistik zur qualitäts- und termingerechten Auslieferung der Ware.

3.4   Interne Einflüsse

Die zahlreichen internen Einflüsse erfordern ebenfalls eine systematische Evaluation.

Faktoren	Ausprägungen
(Strategische) Bedeutung	unkritisch kritisch
Standardisierungsgrad	standardisiert kundenspezifisch
System-/Modulbildung (Objekt-strategie)	Teil Modul System
Technologische Anforderungen an das Produkt	Basisanforderung Schlüsselanforderung Schrittmacheranforderung

Lebenszyklus der Produkttechnologie	Entstehung Wachstum Reife Alter
Produktkomplexität	gering hoch
Kaufhäufigkeit	einmalig selten regelmäßig
Kaufklasse	identischer Wiederkauf modifizierter Wiederkauf Neukauf
Bedarf	Menge Taktung
Belieferungskonzept	auf Lager Just-in-Time

Tab. 3: *Checkliste Produkt*

Faktoren	Ausprägungen
Organisationsstrukturen des Buying Centers	Struktur Verhalten Einfluss
Beschaffungsprozess	Prozesstyp Anzahl Prozessschritte
Beziehungen im Unternehmen (zu anderen Abteilungen)	wettbewerbsmäßig kooperativ
Fertigungstechnologie	Einzelfertigung Kleinserienfertigung Serienfertigung Massenfertigung
Einfluss von Beziehungspromotoren	gering stark

Strategische Neigung des Unternehmens	stark schwach
Risikoneigung des Unternehmens	risikoscheu risikofreudig
Beziehungsneigung des Unternehmens	schwach stark

Tab. 4: *Checkliste Unternehmen*

Faktoren	Ausprägungen
Fähigkeiten	Motive Charaktereigenschaften Geschicke Wissen
Umgang mit Risiko	Loyalität Beurteilungskriterien Referenzpunkt
Ethische Position	Beurteilungen Standards Verhaltensregeln Wahrnehmungen
Verantwortungsbereich	Art Niveau
Inter-personales Vertrauen	gering hoch
Verfügbare Ressourcen	begrenzt umfangreich

Tab. 5: *Checkliste Mitarbeiter*

3.5 Interne Veränderungen

3.5.1 Dezentralisierung

Unternehmen zeigen einen deutlichen Trend zur Dezentralisierung. Dabei wird die Entscheidungshoheit auf Manager von dezentralen Einheiten übertragen. Die Dezentralisierung erfolgt nach

► Funktionen (Funktionalisierung),
► Produktgruppen (Divisionalisierung),
► Märkten (Globalisierung oder Regionalisierung).

Zunächst scheint es nahe liegend, die Einkaufsfunktion ebenfalls zu dezentralisieren. Bei genauerem Hinsehen zeigt sich, dass oft ähnliche Produkte zu beschaffen sind, die aufgrund der Lieferantenlandschaft von gleichen Lieferanten bezogen werden können. Seitens des Lieferanten bedeutet das eine Vielzahl von kleinen Einzelaufträgen, die jeweils wie von getrennten Kunden behandelt werden, obwohl sie eigentlich von einem Kunden ausgehen. Bei den dezentralisierten Unternehmen führt dies zu

► getrennten Verhandlungen,
► Einzelverträgen mit ähnlichem Vertragsinhalt und
► separatem Fakturieren.

 Übertriebene Dezentralisierung führt zu großem Aufwand und hohen Kosten auf beiden Seiten – beim Hersteller und beim Lieferanten.

Das Beschaffungs- und Lieferantenmanagement muss vor allem durch das Management von Synergien zur Wertsteigerung des Unternehmens beitragen.

3.5.2 Veränderungen im Beschaffungsportfolio

Das Beschaffungsportfolio von Unternehmen ändert sich fortwährend – beeinflusst durch Anforderungen der internen Kunden des Einkaufs. Beispielsweise müssen Marketing und Vertrieb den Kunden neue Lösungen in immer kürzeren Zeitabständen und zu niedrigen Kosten anbieten. Die Produktion wendet neue Fertigungstechnologien an. Die Fertigungstiefe verändert sich und die Entwicklung bringt neue Technologien zur Serienreife.

Die Folge ist, dass der Einkauf andere Produkte, Materialien und Teile beschaffen muss, bzw. in anderer Form – früher vielleicht als Einzelteil, heute als System oder Modul. Dies wirkt sich wiederum auf Lieferantenportfolios und -beziehungen aus.

Standardisierung

 BMW unterscheidet im Einkauf vier Stufen der Produktstandardisierung:
- BMW-spezifische Teile für mehrere Modelle oder Baureihen („Gleichteile");
- konzernweit verwendete identische Teile („Konzernteile");
- gemeinsam mit Wettbewerbern entwickelte Komponenten („Kooperationsteile");
- vom Markt übernommene Teile („Best Practice-Teile").

Produkte mit hohem Standardisierungsgrad verursachen i. d. R. geringere Kosten als kundenspezifische Produkte. Ursachen:

▶ Möglichkeit zur Mehrfachverwendung von Teilen;
▶ Kostenreduzierung durch Erfahrungskurveneffekte;

▶ geringere kundenspezifische Investitionen für Produktentwicklung und -herstellung;
▶ geringere Komplexitätskosten in allen Funktionen;
▶ hohe Anzahl an Gleich- und Mehrfachteilen;
▶ geringere Kosten bei der Auftragsbearbeitung;
▶ Möglichkeit zur Einführung von „Baukastensysteme"
   und Plattformkonzepten.

 Ein geringer Standardisierungsgrad führt zu hohen
Kosten beim Lieferantenwechsel. In solchen Fällen
sollten langfristig ausgerichtete, kooperative Lieferantenbeziehungen zum Einsatz kommen.

Der Gefahr einer ausufernden Teile- und Variantenanzahl
versuchen Hersteller entgegenzutreten, indem sie durch
Plattformkonzepte die Stückzahlen bestimmter Komponenten so weit wie möglich erhöhen, um damit die Kosten des
Endproduktes niedrig zu halten.

 Ford beabsichtigte, die Fahrzeugplattformen von
32 auf 16 zu reduzieren. Die Zahl der Gleichteile
sollte dadurch von 21 % auf 50 % steigen.

Baukastenlösungen verfolgen die gleichen Ziele. „Baukäs-
ten" gestatten mehr Varianten bei gleichzeitig drastischer
Reduzierung der Teilevielfalt.

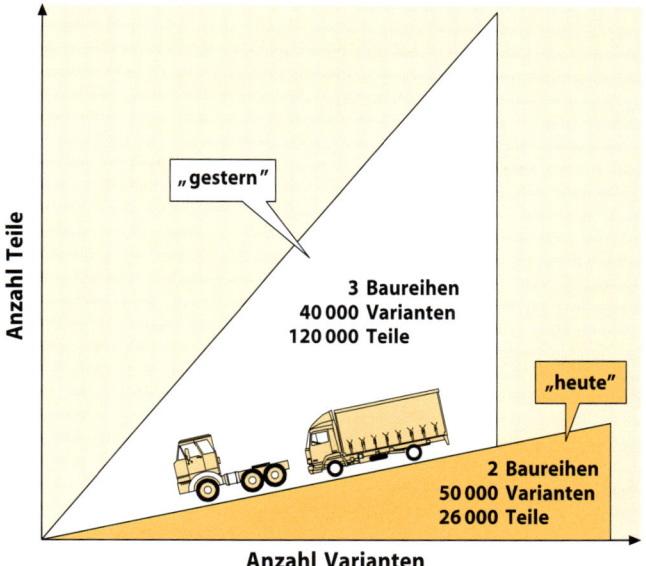

Bild 11: *Einsatz von „Baukastenlösungen" bei einem LKW-Hersteller*

Modularisierung

Der Einkauf kann zusammen mit der Entwicklung durch die richtige Objektstrategie aktiv zur Komplexitätsreduzierung beitragen. Man spricht hier von Modularisierung. Diese reicht vom

▶ Komponenteneinkauf (Rohmaterial, Einzelteile, Komponenten) bis zum
▶ Kompletteinkauf (Systeme und Module).

Verbunden mit dem Trend der Globalisierung und Konzentration der Zulieferindustrie führt Modularisierung dazu, dass nur noch wenige große Lieferanten auf dem Markt wettbewerbsfähig sein werden.

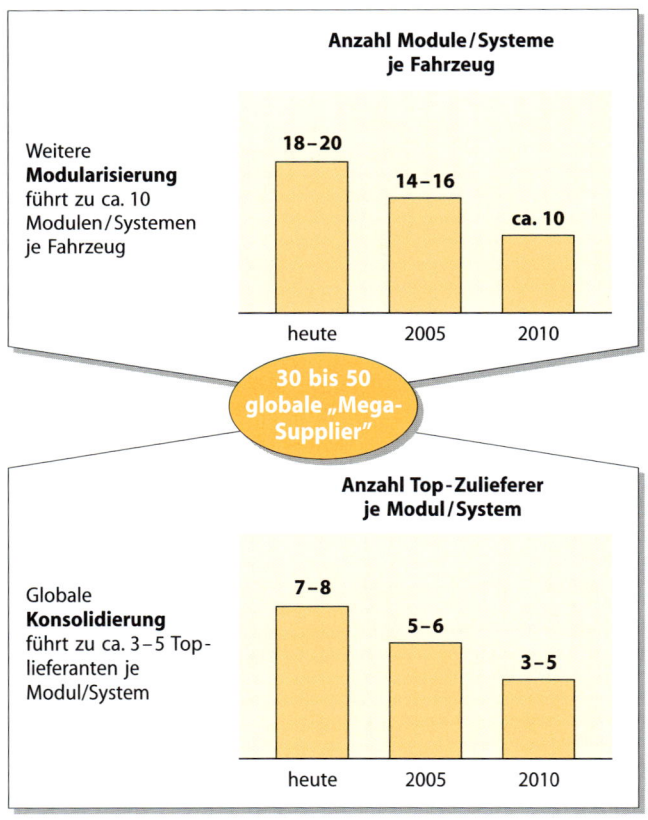

Bild 12: *Modularisierung und Konsolidierung führen zu weniger Lieferanten*

3.6 Aktive Gestaltung von Lieferantenbeziehungen

Mit Sicherheit wird es weiterhin zu Veränderungen kommen. Dies darf aber in keinem Fall dazu führen, in Lethargie zu verfallen. Stattdessen ist eine aktive Anpassung von Lieferantenbeziehungen gefragt.

Wann soll der Einkäufer eine opportunistische bzw. partnerschaftliche Beziehung anstreben? Neben der Rolle und Klassifizierung des Lieferanten und seiner Positionierung im Zuliefernetzwerk beeinflussen interne und externe Faktoren die anzustrebende Lieferantenbeziehung.

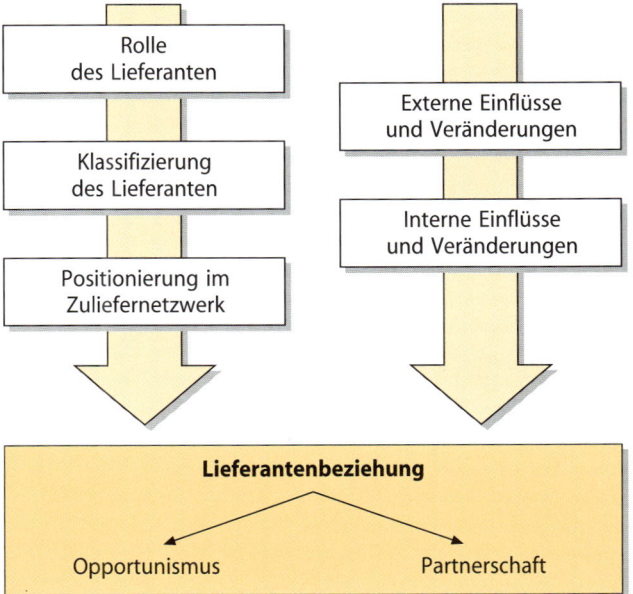

Bild 13: *Einflüsse auf die Lieferantenbeziehung*

Welche Beziehung **DaimlerChrysler** mit einem Lieferanten anstrebt, hängt von sieben Kriterien ab, die u. a. Beschaffungsobjekt und -markt berücksichtigen, jedoch noch weiter gehen:

- Anteil an den Wertschöpfungskosten;
- Abhängigkeit vom technologischen Wissen des Lieferanten;
- Wissen über Spezifikationen und das Design für eine Technologie oder ein Produkt;
- Anzahl möglicher Lieferanten;
- Höhe der Wechselkosten bzw. Wechselbarrieren;
- Verhandlungsmacht des Lieferanten;
- Maßgeblichkeit der Materialgruppe oder der Lieferanten für die Kaufentscheidung der Kunden bzw. Differenzierung gegenüber Kunden.

Abhängig von den Kriterien legt DaimlerChrysler je Commodity einen von vier Beziehungstypen fest:

- Transaktion (marktbasierter Wettbewerb),
- Koordination (selektiver Wettbewerb),
- Kooperation (selektive Partnerschaft),
- Allianz (strategische Partnerschaft).

3.6.1 Opportunistische Beziehungen

Interne Gründe für Opportunismus

Opportunismus sollte bei **nicht-strategischen Materialien oder Warengruppen** zur Anwendung kommen, die kein abnehmerspezifisches „Customizing" erfordern. Mit dem Lieferanten kann bei offenen Systemarchitekturen und autonomen Innovationen opportunistisch umgegangen werden, ohne dass negative Auswirkungen auf die Produkttechnologie oder -qualität entstehen.

Generell handelt es sich um Produkte und Leistungen von geringerem Wert, obwohl es von dieser Regel auch Ausnahmen gibt.

Zigarettenhersteller beschaffen Tabak in großen Mengen und zu beträchtlichen Werten. Weil Tabak aber eine typische Commodity ist, können die Hersteller mit den Lieferanten trotz der hohen Beschaffungswerte opportunistisch verfahren und die Realisierung des jeweils günstigsten Preises anstreben.

Externe Gründe für Opportunismus

Ist die Industrie des Lieferanten gekennzeichnet durch **einfache Produkte und hohen Standardisierungsgrad**, dann sollte der Einkäufer besser Opportunismus in Erwägung ziehen. Man kann die Lieferanten und ihre Produkte **jederzeit untereinander austauschen**. Das gleiche ist der Fall, wenn die Lieferanten permanent über **freie Kapazitäten** verfügen.

Vorteile opportunistischer Beziehungen

Hat der Einkauf sich für Opportunismus entschieden, dann bietet dieser Beziehungstyp zahlreiche Vorteile:

▶ Minimierung der Transaktionskosten sowohl bei der Initiierung des Kaufs als auch bei der Umsetzung;
▶ Möglichkeit zur Realisierung von Economies of Scale durch die Lieferanten (bei standardisierten Produkten und Commodities), wovon auch der Abnehmer profitiert;
▶ Einfachheit des Lieferantenwechsels, wenn Preis, Leistung oder Qualität unbefriedigend werden;
▶ Aufrechterhaltung eines kräftigen Wettbewerbs.

3.6.2 Partnerschaftliche Beziehungen

Interne Gründe für Partnerschaft

Im Gegensatz dazu sollte der Einkäufer Partnerschaft bei **strategischen Materialien oder Warengruppen** anstreben. Diese stehen zu den Kernkompetenzen in Beziehung, können daher i. d. R. nicht „von der Stange" gekauft werden. Geschlossene Systemarchitekturen und systemische Innovationen verlangen eine intensive Zusammenarbeit mit Lieferanten, wie sie nur in Partnerschaften möglich ist.

 Da das Management von Partnerschaften sehr aufwendig ist, kann man Partnerschaften nur bei Beschaffungsobjekten von hohem Wert rechtfertigen.

Externe Gründe für Partnerschaft

Bezieht man das Beschaffungsobjekt von Industrien mit **komplexen und wenig standardisierten Produkten**, erfordert dies oftmals eine enge Partnerschaft mit den Lieferanten. Benötigt der Einkäufer Beschaffungsobjekte von **wachsenden Märkten** und führt die **Ressourcenknappheit** auf diesen Märkten zu Engpässen, dann bieten sich ebenfalls Partnerschaften an.

 Mitte der 90er Jahre war der Markt für **Halbleiter-Speicherbausteine** gesättigt. Überschüssige Produktionskapazitäten waren vorhanden und viele Lieferanten standen vor dem Ruin. Anziehende Nachfrage bei Endprodukten und die Zerstörung von Produktionsanlagen (Kapazitäten) durch Erdbeben in Taiwan wendeten jedoch Ende der 90er Jahre das Blatt. Anstatt Lieferanten zu knebeln, suchten die Einkäufer nach zuverlässigen Partnern, um so doch die Versorgung zu sichern.

Vorteile partnerschaftlicher Beziehungen

Sprechen gute Gründe für Partnerschaft, dann gibt es auch hier die Möglichkeit, Vorteile zu realisieren:

▶ Hoher Anreiz beider Unternehmen, dem Partner zu helfen; Gründe sind die enge Verflechtung der Schicksale der Partner und deckungsgleiche Ziele;
▶ gemeinsame Umsetzung langfristiger Strategien;
▶ Leistungsfähigkeit zu systemischen Innovationen;
▶ Vermeidung ruinöser Preiswettbewerbe.

4 Lieferantenstrategien

4.1 Strategien und Wissen

4.1.1 Strategische Planung

Der Einkauf muss im Rahmen des Lieferantenmanagements kontinuierlich an zwei strategischen Fragestellungen arbeiten:

▸ **Mit welchen** Lieferanten soll man in Zukunft zusammenarbeiten (Lieferantenportfolio)?

▸ **Wie** soll man mit den Lieferanten in Zukunft zusammenarbeiten (Lieferantenbeziehungen)?

Diese Fragen sind von strategischer Bedeutung, da sich die Antworten nicht aus dem operativen Tagesgeschäft heraus, sondern aus einem geregelten Planungsprozess ergeben sollten.

Damit Unternehmen die Entwicklung des Lieferantenportfolios und der Lieferantenbeziehungen aktiv steuern können, benötigen sie demzufolge Strategien. Lieferantenstrategien setzen langfristige Leitplanken.

Formale strategische Planung erhöht den Markterfolg und führt zu besseren finanziellen Ergebnissen. Dies gilt auch für die Planung im Beschaffungsmanagement. Lieferantenstrategien sind deshalb unabdingbar.

Ohne Planungen und Strategien besteht keine Möglichkeit, die Umsetzung der Maßnahmen des Lieferantenmanagements zu kontrollieren. Plan/Ziel-Abweichungen können nicht festgehalten werden. Ferner stellen Lieferantenstrategien eine systematische, unternehmensweite Vorgehensweise sicher und ermöglichen eine langfristige Orientierung der Maßnahmen.

4.1.2 Wissensmanagement

Ohne eine breite und zuverlässige Wissensbasis kann kein Einkäufer Lieferantenmanagement betreiben. Lieferantenstrategien helfen dem Einkauf beim Wissensmanagement in mehrfacher Hinsicht.

▶ **Wissensgenerierung:** Bei der Erarbeitung von Lieferantenstrategien muss der Einkauf umfangreiche Informationen über Beschaffungsmärkte, Lieferanten und den eigenen Bedarf zusammentragen. Diese Informationen entstehen im eigenen Unternehmen oder werden durch Primär- oder Sekundärforschungen extern besorgt.

▶ **Wissensspeicherung:** Einkäufer müssen ständig Entscheidungen, z. B. Lieferantenentscheidungen, treffen. Dazu müssen sie schnell auf Informationen zurückgreifen können. Lieferantenstrategien stellen hilfreiche Entscheidungsgrundlagen dar.

▶ **Externalisierung von Wissen:** Lieferantenstrategien verwandeln „Tacit Knowledge", also Erfahrungswissen einzelner Einkäufer über Beschaffungsmärkte und Lieferanten, durch Ausformulierung zu „Explicit Knowledge". Beim Explicit Knowledge handelt es sich um formales und systematisiertes Wissen, das auch im Unternehmen bleibt, wenn Mitarbeiter das Unternehmen verlassen. Auch wenn Einkäufer heute beide Wissensarten einsetzen müssen, ist eine Externalisierung und Systematisierung des Wissens wünschenswert.

Bei **komplexen Beschaffungsvorgängen,** in die zahlreiche Personen und Funktionen involviert sind, laufen Einkaufsentscheidungen meist im Team ab. Lieferantenstrategien erleichtern die Kommunikation in diesen Teams und führen zu objektiveren Entscheidungen, weil Lieferantenstrategien eine gemeinsame Wissensbasis schaffen.

 DaimlerChrysler erstellt für alle wichtigen Materialgruppen Lieferantenstrategien. Der weltweite Prozess der Strategieerstellung wird von GP & S (Global Procurement & Supply) betrieben. Strategien werden von Einkäufern aus den PKW-Geschäftsfeldern Mercedes-Benz und Chrysler sowie dem Geschäftsfeld Nutzfahrzeuge gemeinsam erarbeitet. Die dokumentierten Ergebnisse liegen dann als „Commodity and Supplier Strategies" vor. In der Strategie sind beispielsweise die anzustrebende Lieferantenbeziehung, die Entwicklung der Lieferantenanzahl oder die Machtverhältnisse auf den Beschaffungsmärkten für die jeweilige Materialgruppe festgehalten. Diese Strategien sind eine wertvolle Wissensbasis, die dem Konzern und jedem einzelnen Einkäufer beim Lieferantenmanagement hilft.

4.2 Typologien

Lieferantenstrategien befassen sich entweder mit der Gestaltung der gesamten Lieferantenbasis eines Unternehmens oder mit der Gestaltung einzelner Lieferantenbeziehungen. Damit ergeben sich zwei Typen. In der Praxis bezeichnet man beide meist als Lieferantenstrategie.

4.2.1 Strategien für die Lieferantenbasis

In einer Lieferantenstrategie für die Basis legt das Unternehmen die langfristigen Ziele des Lieferantenportfolios bzw. der Lieferantenbasis fest. Die Zielgrößen richten sich nach den Erfordernissen des Unternehmens. Typische Zielgrößen sind beispielsweise:

- **Anzahl der Lieferanten:** Die Optimierung (Reduzierung oder Erhöhung) der Lieferantenanzahl steht hier im Vordergrund.

- **Lieferantenmix:** Ziel ist es, eine Zusammensetzung des Lieferantenportfolios zu erreichen, die den zukünftigen Anforderungen an Lieferanten bezüglich Technologie- und Fertigungskompetenz entspricht. Der Mix an Teile-, Komponenten-, Modul- und Systemlieferanten wird verbessert.

- **Beziehungstypen:** Das gesamte Lieferantenportfolio muss aus unterschiedlichen Beziehungstypen (Opportunismus und Partnerschaft) bestehen. Wenigen Partnerschaften stehen meist zahlreiche opportunistische Beziehungen gegenüber.

- **Regionale Verteilung der Lieferanten:** Ein Lieferantenportfolio kann nach dem Anteil an internationalen Lieferanten und deren regionale Verteilung gestaltet werden. Die Erhöhung des Anteils ausländischer Lieferanten findet sich als häufiges Ziel.

- **Lieferantenrisiken:** Jede Lieferantenbeziehung beinhaltet das Risiko, dass der Lieferant die geforderte Leistung nicht erbringt. Obwohl der Ausfall nur eines Lieferanten katastrophale Folgen für den Abnehmer nach sich ziehen kann, ist es meist vorteilhaft, das Lieferantenportfolio einer Risikobetrachtung zu unterziehen. Lieferantenstrategien sollen helfen, das Risiko des gesamten Portfolios zu verringern.

- **Anteil an ISO 9000-zertifizierten Lieferanten:** Zur Sicherstellung eines Qualitätsstandards können Unternehmen die aktive Vergrößerung des Anteils an zertifizierten Lieferanten anstreben.

- **Anteil an Woman- or Minority-owned-Lieferanten:** Nationale Gesetze, z. B. in den Vereinigten Staaten, können verlangen, dass Unternehmen bestimmte Lieferanten als Bezugsquelle nutzen.

Lieferantenstrategien für die Basis helfen den Unternehmen bei der Erreichung einer optimalen, an zukünftigen Anforderungen orientierten Lieferantenstruktur.

 In der **Automobilindustrie** gewannen Elektroniklieferanten mit zunehmender Substitution mechanischer und elektromechanischer Teile durch Elektronik und verstärkter Nachfrage nach zusätzlichen elektronischen Ausstattungsmerkmalen an Bedeutung. Die Lieferantenstrategien der OEM mussten diese Entwicklung unterstützen bzw. Lösungen dafür bieten. Im ersten Schritt vergrößerte sich die Anzahl der Elektroniklieferanten. Im zweiten Schritt gelang es den OEM durch gezielte Umstrukturierung der Lieferantenbasis, sich auf wenige, leistungsfähige Modul- und Systemlieferanten zu konzentrieren. Diese besaßen die Kompetenz, beispielsweise multifunktionale Dachbedieneinheiten, bestehend aus Funkfernbedienung, elektrischem Schiebedach, Beleuchtungselementen und Display für Bordcomputer, als Systemlieferanten anzubieten. Geänderte Objektstrategien wurden mit Hilfe geänderter Lieferantenstrategien für die Lieferantenbasis umgesetzt.

4.2.2 Strategien für einzelne Lieferanten

In einer Lieferantenstrategie für einzelne Lieferanten legt das Unternehmen die langfristigen Ziele der Lieferantenbeziehungen fest, identifiziert die Maßnahmen zur Zielerreichung und teilt die notwendigen Ressourcen zu. Das Unternehmen sollte eine hohe Übereinstimmung zwischen vorhandenen oder zukünftigen Lieferantenstärken und Unternehmensanforderungen erreichen. Ebenso müssen frühzeitig die wichtigen Lieferantenrisiken identifiziert und mögliche Maßnahmen zur Behebung abgeleitet werden.

 Wacker Siltronic erarbeitet mit ausgewählten Lieferanten Strategien zur Gestaltung der Lieferantenbeziehung, sog. „Supplier Roadmaps". Damit überprüft die Beschaffung, ob Lieferanten fähig und bereit sind, den Entwicklungen von Siltronic zu folgen. Individuelle Lieferantenziele spielen dabei eine große Rolle. Supplier Roadmaps sind für Wacker Siltronic eine wichtige Voraussetzung für zielgerichtetes Lieferantenmanagement und Lieferantenintegration. Die Aktualisierung erfolgt in meist jährlichen Abständen. Aufwand und Nutzen rechtfertigen die Erstellung von Supplier Roadmaps für die 40 bis 50 Hauptlieferanten der rund 600 Lieferanten umfassenden Lieferantenbasis.

 Der Hersteller von Hochdruckreinigungsgeräten, **Alfred Kärcher**, unterscheidet drei Ausprägungen individueller Lieferantenstrategien. Sie beinhalten klare Zielrichtungen für die zukünftige Zusammenarbeit mit dem Lieferanten. Abhängig von der festgelegten Strategie erhöht oder verringert Kärcher das Volumen für einen bestimmten Lieferanten oder behält das Volumen bei. Von Lieferanten, mit denen Kärcher eine „Vorwärtsstrategie" verfolgt, erwartet das Unternehmen wichtige Impulse zur Wettbewerbsverbesserung, d.h. kostenwirksame Einsparungen und neue Technologien für Innovationen bei der eigenen Produkt- und Prozessentwicklung.

Lieferantenstrategie	**Merkmale**
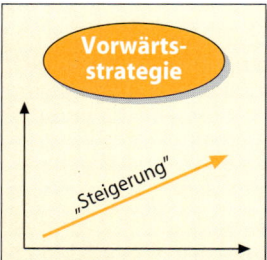	• Neue Produkte • Simultaneous Engineering • Global Player-Entwicklung • Technologieeinführung • Langfristige Verträge • Strategische Lieferanten • Ratioprojekte mit Preisreduzierung über die Laufzeit • „Zukunftslieferant" • Keine Eigenfertigung geplant
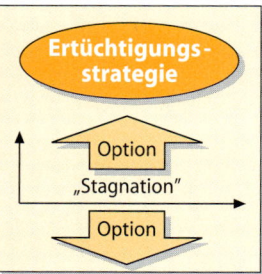	• Weitere Chance • Bewährung • Einkaufsvolumen nicht weiter ausbauen • Ratioprojekte • Evtl. Eigenfertigung geplant • Überprüfung Alternativlieferanten und Analyse Einsparpotenzial bei Verlagerung
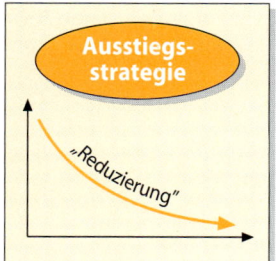	• Keine neuen Projekte bei Lieferanten positionieren • Keine Anfragen • Preisniveau halten • Verlagerung Umfang zu Eigenfertigung oder zu anderen Lieferanten • Lieferanten < 50 Tsd. € Einkaufsvolumen • Ersatzteilversorgung sicherstellen

Bild 14: *Lieferantenstrategien bei Kärcher*

4.3 Erstellung und Umsetzung von Strategien

4.3.1 Anwendbarkeit von Lieferantenstrategien

Lieferantenstrategien haben nicht überall die gleiche Bedeutung.

 Unternehmen müssen erst einmal wissen, ob es abhängig von der untersuchten Materialgruppe sinnvoll ist, Lieferantenstrategien zu erstellen.

Die Möglichkeit des Einsatzes von Lieferantenstrategien erfordert deshalb eine situative Beurteilung. Merkmale wie

- Produktionsstufe in der Wertschöpfungskette,
- Fertigungsart,
- Wiederholhäufigkeit der Produkte oder
- Dezentralisierungsgrad der Organisation

bestimmen deren Anwendbarkeit und Bedeutung. In vielen Fällen sind Lieferantenstrategien unabdingbar.

 Für **Audi** (Serienfertigung) mit einer nur rund 800 Lieferanten umfassenden Lieferantenbasis, wo Lieferanten nach Festlegung für ein Modell i. d. R. bis zum nächsten Modellwechsel zuliefern und Systemlieferanten schon drei Jahre vor Produktionsstart in die Entwicklungsphase eingebunden sind, ist eine langfristig ausgerichtete Lieferantenstrategie für A- und B-Lieferanten unerlässlich.

In anderen Fällen muss man jedoch differenzierter vorgehen.

Projektneutrale, weltweit tätige Lieferanten, z. B. für Pumpen oder Leistungstrafos, kommen beim Kraftwerksbauer (Projekt-/Baustellenfertigung) **Siemens Energieerzeugung (KWU)** immer wieder zum Zuge. Langfristig ausgerichtete Lieferantenstrategien lohnen sich zweifelsohne. Dagegen beschafft Siemens KWU einfachere Gewerke wie Bauleistungen, Heizungen, Kräne oder Niederspannungseinrichtungen bei projektbezogen ausgewählten, lokalen Lieferanten. Bedenkt man, dass ein Kraftwerk in China und ein weiteres vielleicht in Südamerika entsteht und die Vorlaufzeiten oftmals sehr kurz sind, kann die Beschaffung sehr viel Zeit und Geld sparen, wenn sie auf Listen potenzieller, lokaler Lieferanten zurückgreifen kann. Langfristige Lieferantenstrategien mit diesen Lieferanten wären allerdings viel zu aufwendig.

4.3.2 Erstellung und Umsetzung in Aktivitäten

Erstellung

Die Erstellung von Lieferantenstrategien beginnt mit der Analyse des Beschaffungsportfolios. Dazu muss man zunächst das Beschaffungsportfolio nach den Anforderungen der Industrie und des Unternehmens segmentieren. Hier kommen i. d. R. Portfolio-Ansätze zur Anwendung.

 Austria Tabak positioniert alle Warengruppen für Produktionsmaterial (F-Mat) und Nicht-Produktionsmaterial (X-Mat) in Risiko-Volumen-Matrizen und legt diese Segmentierung für Warengruppen- und Lieferantenstrategien zugrunde.

Unternehmen müssen wissen, was sie heute und in Zukunft in welchen Mengen beschaffen. Hierzu gehört auch die Beurteilung von Innovationen, die neue Technologien oder Materialänderungen nach sich ziehen, sowie die strategische Bedeutung spezifischer Materialgruppen für das Unternehmen.

Auch externe Einflüsse, wie Veränderungen auf den Beschaffungsmärkten, wirken sich auf die Lieferantenstrategien aus und sollten soweit möglich in die Strategien einfließen.

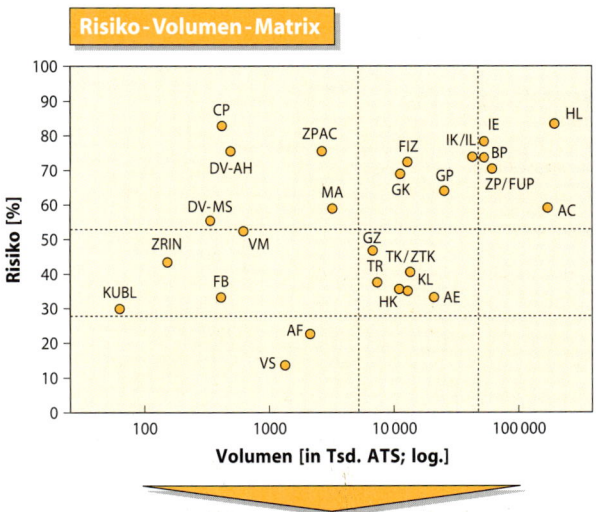

Strategieansätze

- Sourcing-Strategie
- Beschaffungsregion
- Verteilung der Vergabevolumina auf Lieferanten
- Grundsätzliche Beschreibung der Lieferantenbeziehung
- Dauer der Beziehung
- Intensität des Informationsaustauschs
- Fokus des Leistungsbezugs

Bild 15: *Risiko-Volumen-Matrix für Produktionsmaterial bei Austria Tabak*

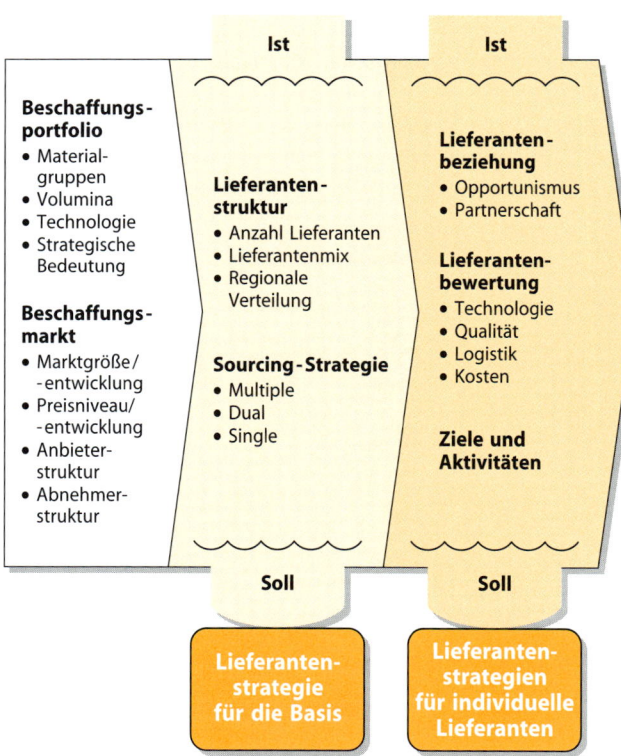

Bild 16: *Erstellung von Lieferantenstrategien*

Veränderungen des Beschaffungsportfolios und der Beschaffungsmärkte müssen sich auf die Struktur der Lieferantenbasis und die Sourcing-Strategie der Abnehmer auswirken. Aufgrund der ständigen Veränderungen müssen Unternehmen ihre Lieferantenstrategien ständig überprüfen und gegebenenfalls anpassen. Wenn in einer Lieferantenstrategie für die Basis das Soll-Lieferantenportfolio und in Lieferantenstrategien für individuelle Beziehungen die Soll-Lieferantenbeziehungen festgehalten sind, muss die Beschaffung die Frage beantworten, wie diese Ziele erreicht werden können.

Umsetzung in Aktivitäten

Nur wenn das Wissen aus Lieferantenstrategien zur besseren Erfüllung von Lieferantenmanagement-Aktivitäten beiträgt, erfüllen die Strategien ihren Zweck. Dazu müssen Einkäufer im Unternehmen aus dem in Lieferantenlisten und -strategien „gespeicherten" Wissen konsequent Aktionen ableiten.

Bei **Siemens** reichen die Konsequenzen aus Lieferantenstrategien vom Ausphasen des Lieferanten über die Eigenoptimierung bis zur aktiven Entwicklung durch Siemens – stets in Abhängigkeit der Bewertung des Lieferanten und der strategischen Bedeutung der Materialgruppe.

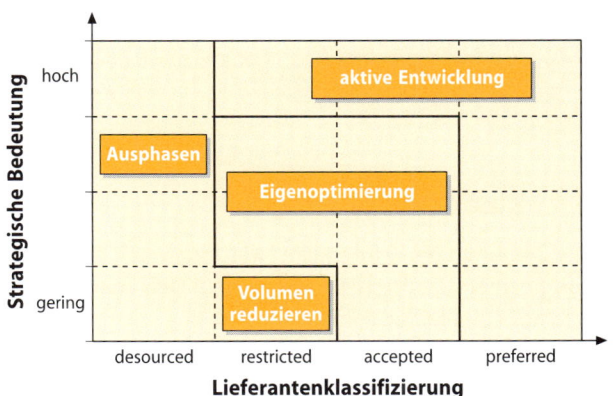

Bild 17: *Konsequenzen von Strategien bei Siemens*

Mitarbeiter, die für die Umsetzung von Lieferantenstrategien verantwortlich sind, müssen auch bei deren Erstellung mitwirken oder verantwortlich sein. Darüber hinaus kann diese Aufgabe nicht auf den Einkauf beschränkt bleiben.

Sind Strategien und Maßnahmen zur Umsetzung erst einmal festgelegt, ist es ratsam, leistungsfähige Tools zur Entwicklung und Lenkung einzusetzen. Die Ergebnisse der Umsetzung fließen dann in die Aktualisierung der Lieferantenstrategien ein.

 Siemens kann bei der Umsetzung der Lieferantenstrategien in den Geschäftsbereichen und im Konzern auf leistungsfähige Tools und eine umfangreiche IT-Unterstützung zurückgreifen. Das Siemens Einkaufs-Informations-System (EIS) ist in den meisten Gesellschaften und Standorten verfügbar. Die Systeme MODIAS bzw. EIS verfügen über Lieferantenbewertungs-Module. Projektcontrolling durch SUCCESS oder „top" hilft durch Beschreibung von Maßnahmen und Meilensteinen (Terminierung, Verantwortlichkeiten) sowie von Einsparungspotenzialen (Plan/Ist je Geschäftsjahr) beim Controlling von Zielen mit Lieferanten.

4.4 Zusammenfassung

Die Bemühungen erfolgreicher Unternehmen bei der Umsetzung von Lieferantenstrategien lassen sich zu zehn Handlungsempfehlungen zusammenfassen:

▶ **Zweiteilung:** Strategien für die Gestaltung der Lieferantenbasis und für die Gestaltung von individuellen Lieferantenbeziehungen auseinander halten.

▶ **Fokussierung:** Festlegung von individuellen Lieferantenstrategien für die wichtigen Lieferanten. Die Wichtigkeit bemisst sich nicht nur nach dem Beschaffungsvolumen, sondern auch nach der strategischen Bedeutung der Lieferanten für das Unternehmen, z. B. in Bezug auf das Innovationspotenzial, den Ergebnisbeitrag oder das Ausfallrisiko.

▶ **Abstimmung:** Werden die Interessen aller internen Kunden bei der Erstellung und Umsetzung berücksichtigt, ist die Erfolgswahrscheinlichkeit hoch.

▶ **Informationsnutzung:** Die gewünschten Ergebnisse von Lieferantenstrategien treten nur ein, wenn bei deren Erstellung sämtliche verfügbaren Informationen einfließen.

▶ **Schriftliche Fixierung:** Schriftform erleichtert die Kommunikation. Die Konsistenz der Lieferantenstrategie lässt sich einfacher sicherstellen.

▶ **Kommunikation:** Nur wenn alle am Lieferantenmanagement Beteiligten oder vom Lieferantenmanagement Betroffenen die Strategie kennen, kann man sie auch umsetzen.

▶ **Aktualisierung:** Veränderungen auf den Beschaffungsmärkten, bei den Lieferanten, beim Abnehmer und im Beschaffungsportfolio erfordern eine periodische, zumindest jährliche Aktualisierung und Überarbeitung der Lieferantenstrategien.

▶ **Ständige Ausnutzung von Chancen:** Einkäufer und alle anderen Beteiligten müssen ständig nach neuen Chancen Ausschau halten und Lieferantenstrategien anpassen, um von Chancen Gebrauch machen zu können.

▶ **Laufende Prämissenkontrolle:** Unternehmen müssen sich fortlaufend der Richtigkeit der zugrunde gelegten Daten über die eigene und die Situation der Lieferanten vergewissern (Art des Geschäftes, Kernkompetenzen, Losgrößen etc.).

▶ **Laufende Durchführungskontrolle:** Zur Überwachung der Umsetzung von Lieferantenstrategien dient die Durchführungskontrolle. Sie gibt Auskunft darüber, ob angesichts der erzielten Ergebnisse die Gesamtrichtung noch beibehalten werden soll oder ob Signale eine Änderung der Strategie nahe legen.

Unternehmen müssen die Erstellung und Umsetzung von Lieferantenstrategien als fortlaufenden Prozess verstehen. Wie andere Strategien werden Lieferantenstrategien von Kontroll- und Feedbackmechanismen begleitet. Lieferantenstrategien bilden den Ausgangspunkt für sämtliche Aktivitäten des Lieferantenmanagements.

5 Management der Lieferantenbasis

Aus den Lieferantenstrategien für die Lieferantenbasis sollten sich die Anforderungen für die tägliche Arbeit des strategischen und operativen Einkaufs ableiten lassen. Das Management der Lieferantenbasis – eine Hauptaktivität des Lieferantenmanagements – erfordert eine kontinuierliche Optimierung der Lieferantenanzahl, eine Segmentierung der Lieferantenbasis, eine Lieferantenbeurteilung, die richtige Vorgehensweise bei der Lieferantenauswahl, eine Lieferantenauditierung, sowie Lieferantenkommunikation.

5.1 Reduzierung der Lieferantenbasis

5.1.1 „Optimale" Lieferantenanzahl

 Die Strategie, von so vielen Lieferanten wie möglich Materialien zu beziehen und die Marktkräfte zu nutzen, ist heute meist nicht mehr erstrebenswert.

Die gestiegenen Erwartungen an die Lieferanten, der verstärkte Modul- und Systemeinkauf und das Entstehen von Zuliefernetzwerken führen dazu, dass die Abnehmer heute grundsätzlich mit weniger Lieferanten zusammenarbeiten als früher – dafür aber intensiver.

 Eine Reduzierung der Lieferantenanzahl ist aber nicht sinnvoll, wenn es sich um einfache, standardisierte Beschaffungsobjekte handelt. Hier sollten Unternehmen weiterhin das Angebot und den Wettbewerb auf den Beschaffungsmärkten ausnutzen.

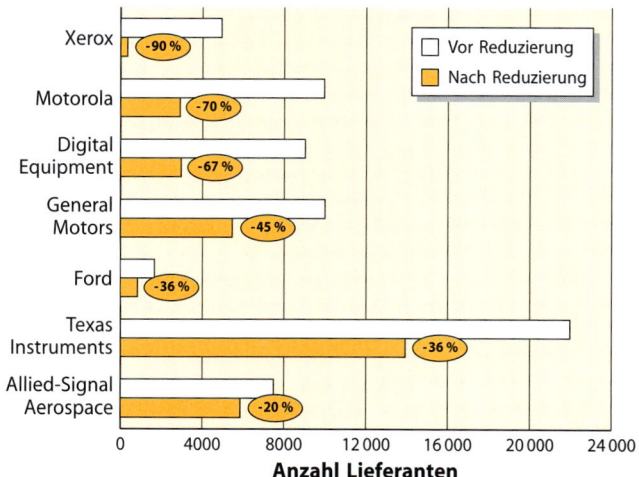

Bild 18: *Reduzierungen bei multinationalen Unternehmen*

Auch wenn Vorzeigeunternehmen in den letzten Jahren ihre Lieferantenanzahl beträchtlich reduzierten, können es die zahlreichen internen und externen Einflüsse erforderlich machen, die Anzahl der Lieferanten für bestimmte Warengruppen zu erhöhen. Eine optimale Lieferantenanzahl ist schwer zu ermitteln und niemals ein festes Ziel. Die Lieferantenanzahl erfordert eine kontinuierliche Anpassung.

5.1.2 Ziele einer Reduzierung

 Lieferantenreduzierung darf niemals Selbstzweck sein!

Unternehmen sollten die Strategie der Lieferantenreduzierung nicht in Isolation betrachten. Als **Ziele** bzw. Ergebnisse stehen bei der Lieferantenreduzierung im Vordergrund:

- ▶ effizientere Gestaltung der Wertschöpfungskette;
- ▶ Pooling von Einkaufsvolumina und dadurch die Möglichkeit der Lieferanten zur Erzielung von Skaleneffekten;
- ▶ Reduzierung des administrativen Aufwands in Einkauf und Logistik (z. B. Audits, Bestellungen, Wareneingänge, Kreditorenabrechnungen);
- ▶ Bestandsreduzierung;
- ▶ Möglichkeit zum selektiven Aufbau partnerschaftlicher Lieferantenbeziehungen;
- ▶ Konzentration knapper Ressourcen auf das Management der verbleibenden, leistungsfähigen Lieferanten;
- ▶ Beschränkung der Geschäftsbeziehung auf ISO 9000-zertifizierte Lieferanten.

5.1.3 Durchführung

Der Prozess der Lieferantenreduzierung sollte Warengruppe für Warengruppe durchgeführt werden. Mit der warengruppenbezogenen Vorgehensweise gehen meist Maßnahmen zur Verringerung der Teileanzahl und des Komplexitätsmanagements einher. Als Hilfsmittel kommen zum Einsatz:

- ▶ Bauteilevorzugslisten,
- ▶ Lieferantenvorzugslisten,
- ▶ Warengruppenstrategien,
- ▶ Lieferantenstrategien für die Basis.

Bei standardisierten Materialien kann ferner der Einsatz von E-Procurement helfen, indem gleichzeitig die Materialkosten (Preise) reduziert und die Prozesskosten gering gehalten werden.

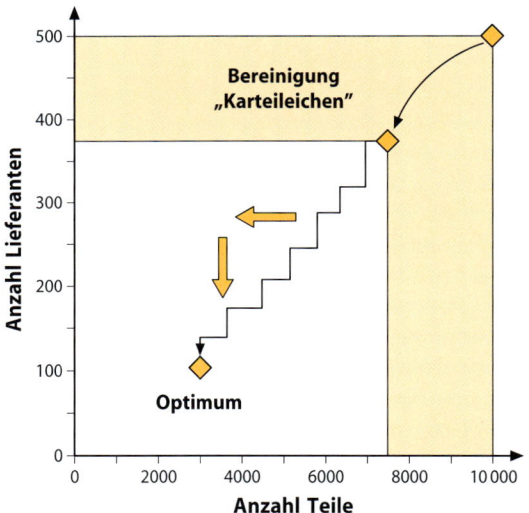

Bild 19: *Lieferantenreduktion durch Reduzierung der Teilevielfalt*

Die Erfahrung von Einkaufsmanagern bei der Lieferantenreduktion zeigt, dass der Abbau anfänglich einfach ist (z. B. von 1.000 auf 600 Lieferanten), dann aber zunehmend schwieriger wird.

5.1.4 Lieferantenvorzugslisten

Lieferantenvorzugslisten geben Lieferanten vor, die jederzeit während der Produktentwicklung einbezogen werden können – in der Regel ohne dass es vorab einer gesonderten Zustimmung des Einkaufs bedarf.

Existieren Lieferantenvorzugslisten, so gibt es bei den meisten Unternehmen **Restriktionen** bei der Lieferantenauswahl. In einer Untersuchung stellte man fest, dass Einkäufer in ca. 10 % der Fälle gar nicht und in ca. 50 % nur in Ausnahmefällen von den in den Lieferantenvorzugslisten verzeichneten Lieferanten abweichen durften. Ausnahmen liegen z. B. vor, wenn

▶ der Vorzugslieferant ein Single-Source Lieferant ist, oder
▶ zu wenige Vorzugslieferanten vorhanden sind.

Damit wird die F&E gezwungen, für technische Lösungen zunächst auf Lieferanten zurückzugreifen, mit denen das Unternehmen schon in Geschäftsbeziehung steht. Dies erleichtert nicht nur die Auswahl, sondern auch die spätere Einbindung der Lieferanten.

 Lieferantenvorzugslisten sind ein wirksames Tool, um das Aufblähen der Lieferantenbasis zu verhindern.

Aus **Sicht eines Lieferanten** ist es erstrebenswert, auf der Vorzugsliste von Abnehmern zu stehen. Gelingt es nämlich nicht, der Vorzugslieferant eines Abnehmers für eine bestimmte Materialgruppe zu werden, so geht bei den allgemeinen Trends zur Reduzierung der Lieferantenbasis und des Single-Sourcings der Umsatz verloren – und die Marktposition wird geschwächt.

 Mettler Toledo nutzt Lieferantenvorzugslisten als Tool, um Wildwuchs und Willkür im Lieferantenmanagement zu verhindern. Die Liste läuft EDV-unterstützt auf Standardsoftware, wird mit variablen Suchkriterien geführt und beinhaltet die Felder:

- Firma,
- Adresse,
- Ansprechpartner,
- Kreditorennummer,
- Umsatz,
- Technologie,
- typische Teile,
- Besonderes.

5.2 Segmentierung der Lieferantenbasis

Zur Segmentierung werden üblicherweise ABC-Analysen durchgeführt. Bei der ABC-Analyse nutzt man beispielsweise folgende Größen:

▶ Beschaffungsvolumen;
▶ Performance der Lieferanten nach Technologie, Qualität, Logistik oder Preis;
▶ Entwicklungskompetenz;
▶ Fertigungskompetenz;
▶ strategische Bedeutung.

Die Segmentierung bildet den Ausgangspunkt für die Ableitung von Aktivitäten für einzelne Segmente der Lieferantenbasis. Bei der Segmentierung nach dem Beschaffungsvolumen liegt der Fokus bei den A-Lieferanten auf der Optimierung der Materialkosten, bei den C-Lieferanten hingegen auf den Prozesskosten.

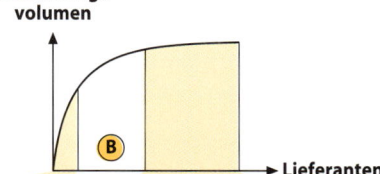

Ⓐ **Lieferanten**	Ⓒ **Lieferanten**
Ansätze z. B.: • Key Supplier Management • Frühzeitige Lieferantenintegration • System-/Modular-Sourcing • Risk-and-Revenue-Sharing • Gemeinsame Wertgestaltung und -analyse • E-Commerce	**Ansätze z. B.:** • Optimierung Beschaffungsprozesse • Direktbelieferungskonzepte • Continuous Replenishment (CRP) • C-Teile-Management • E-Procurement
Fokus: Materialkosten	**Fokus: Prozesskosten**

Bild 20: *Ansätze einer strategisch segmentierten Lieferantenbasis*

 Geberit, ein Hersteller sanitärtechnischer Produkte, trifft bei der Gestaltung der Lieferantenbeziehungen Entscheidungen in Abhängigkeit der Normstrategien im Materialportfolio. So kann Geberit die Vorteile unterschiedlicher Lieferantenbeziehungen realisieren. Bei der Umsetzung der Strategien wird auch anderen Merkmalen Rechnung getragen, z. B.:

• Beschaffungsmarktstruktur und -verhalten,
• technische Komplexität des Teilespektrums,
• logistische Komplexität des Materialflusses,
• relativer Anteil der Prozesskosten,
• Qualitätsrisiko,
• Potenzial für Global-Sourcing.

Pro Quadrant im Materialportfolio gibt es eine favorisierte Normstrategie, die neben der Situation, der Sourcing-Strategie und den Verantwortlichkeiten im Beschaffungsprozess auch den Vorschlag für einen Beziehungstyp und dessen Ausgestaltung umfasst.

- **Unkritische Materialien (Quadrant 1):** Lieferanten bieten Teile und beschaffungslogistische Dienstleistungen an. Eine Partnerschaft ist deshalb vor allem logistisch/administrativ, nicht technisch geprägt.
- **Hebelmaterialien (Quadrant 2):** Mehrere Lieferanten kommen in Frage und sind normalerweise vorselektiert. Die Nachfragemacht erlaubt einen relativ kurzfristigen Lieferantenwechsel und somit opportunistische Preispotenziale. Der Bedarf wird jedoch auf mehrere Lieferanten verteilt. Mit den Lieferanten besteht ein loses, kurz- bis mittelfristiges Verhältnis.
- **Engpassmaterialien (Quadrant 3):** Die Abhängigkeit vom Lieferanten ist (zu) groß. Die einzusetzenden Instrumente zur Risikominimierung sind z. B. langfristige Lieferverträge, intensive Lieferantenpflege mit Risikobetrachtung, oder vertraglich vereinbarte Sicherheitsbestände. Das größte Potenzial liegt hier bei der Beschaffungsmarktforschung, im Aufbau von Alternativlieferanten und in der Lieferantenentwicklung.
- **Strategische Materialien (Quadrant 4):** Die Normstrategie führt zwangsläufig zu Single-Sourcing und zum Aufbau langfristiger Partnerschaften. In der Partnerschaft mit den Lieferanten strebt Geberit eine gegenseitige Abhängigkeit durch mittel- bis langfristig orientierte Zusammenarbeitsverträge, den Einsatz professioneller Mechanismen zur logistischen Planung, Prozessoptimierungen sowie Kostentransparenz und vereinbarte Preisfindungsmechanismen an. Darüber hinaus finden jährlich Beurteilungen der Zusammenarbeit in positiv-kritischer Offenheit statt. Bei diesen Projekten und Aktivitäten können sowohl Geberit als auch der Lieferant profitieren.

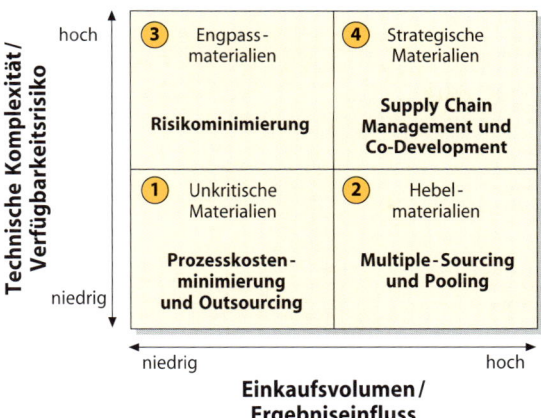

Bild 21: *Normstrategien bei Geberit*

Aufgrund der aus den Segmentierungen abgeleiteten Anforderungen an Lieferanten kommen unterschiedliche Kriterien bei der Lieferantenbeurteilung und -auswahl zur Anwendung.

5.3 Lieferantenbeurteilung und -auswahl

5.3.1 Konsistenz

Im Rahmen der Lieferantenbewertung und -auswahl zeichnen sich in Abhängigkeit der Lieferantenbeziehung, des Risikomanagements und des beschafften Gutes zwei Ansätze ab:

▶ Auswahl nach Angebotsvergleich;
▶ Auswahl nach ganzheitlicher Beurteilung.

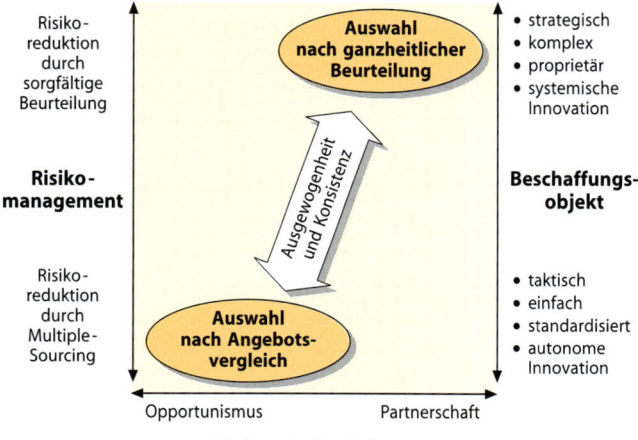

Bild 22: *Konsistente Strategien zur Lieferantenbeurteilung und -auswahl*

Für **einfache, standardisierte Güter** mit geringem Beschaffungsrisiko genügt ein einfacher Angebotsvergleich. Durch Multiple-Sourcing und Aufbau von Konkurrenz kann man Materialpreise und Risiken gering halten.

Bei **komplexen, strategischen und technologisch anspruchsvolleren Gütern** mit hohem Beschaffungsrisiko muss eine ganzheitliche Beurteilung erfolgen. Diese Güter verlangen ein Single-Sourcing und langfristig ausgerichtete Partnerschaften.

 Es ist sträflich, bei risikobehafteten, strategischen Gütern bei der Lieferantenauswahl keine ganzheitliche Beurteilung durchzuführen.

5.3.2 Beurteilungskriterien

Subjektive Meinungen und Vorurteile, Intuition, Fingerspitzengefühl sowie Prestigedenken beeinflussen heute noch zahlreiche Lieferantenentscheidungen. Wenn man die Lieferantenbeurteilung dem Zufall überlässt, wird sie zu einem Risiko für das Unternehmen. Unternehmen müssen daher sicherstellen, dass die Leistung des Lieferanten so objektiv wie möglich beurteilt wird.

 Fehlende Lieferantenbeurteilungsverfahren verleiten, an alten Lieferantenbeziehungen mit meist unvorteilhaften Konditionen festzuhalten.

In der Praxis sind jedoch weder vollständig objektive (quantitative, mathematische) noch vollständig subjektive (qualitative) Lieferantenbeurteilungsverfahren erstrebenswert. Zwar bemühen sich Unternehmen, auch jene Kriterien in die Beurteilung einzubeziehen, die man vermeintlich nicht in Zahlen fassen kann, jedoch ist deren Operationalisierung immer noch subjektiv.

Man kann Kriterien wie Kosten durch eine Total-Cost-Betrachtung, Qualität durch Qualitätskennziffern und Liefer-/Termintreue durch logistische Kennzahlen **vergleichsweise gut objektiv** bewerten.

Weichere, aber nicht weniger wichtige Kriterien wie Innovationsbereitschaft, Einstellung zu Umweltanforderungen, Bereitschaft zu Teamarbeit, Managementkompetenz oder Ausfallrisiken lassen sich hingegen nur durch die **Operationalisierung einer subjektiven Beurteilung** miteinander vergleichen.

Eine **umfassende Beurteilung** erfordert zusätzliche und andere Beurteilungskriterien. Neben weichen Beurteilungskrite-

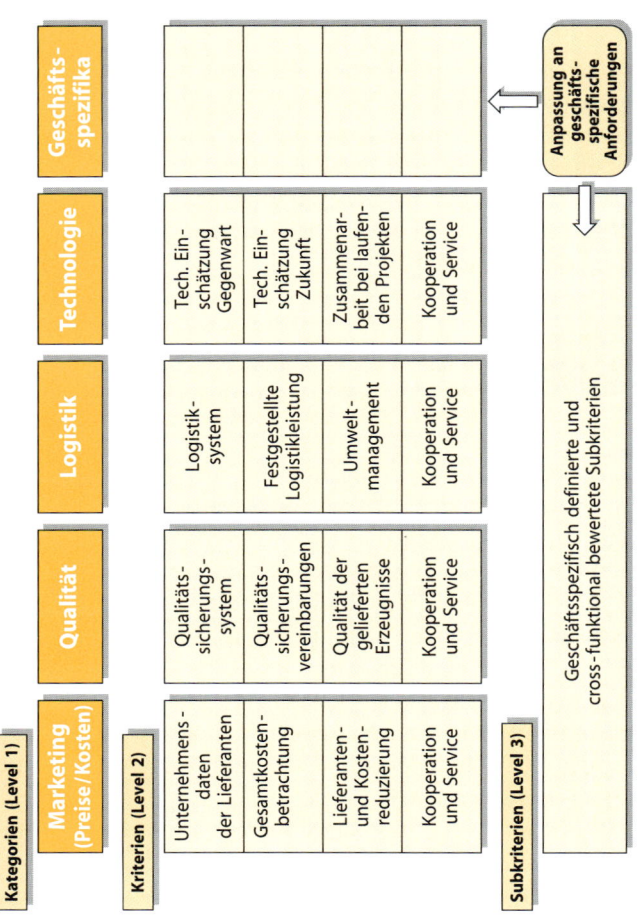

Bild 23: *Kategorien, Kriterien und Subkriterien der Lieferantenbeurteilung bei Siemens*

rien (z. B. Vertrauen, Kommunikationsbereitschaft) fallen auch komplexere Beurteilungskriterien (z. B. Total-Cost-Ansätze, Risikobetrachtungen) immer mehr ins Gewicht. Die Bewertung und Auswahl von Lieferanten muss in jedem Unternehmen – ohne Rücksicht auf Art und Gewichtung der Kriterien – stets zwei Arten von Beurteilungskriterien enthalten:

▶ Kriterien zur Beurteilung der vom Lieferanten **angebotenen Leistung** (Service, Material, Produkt);
▶ Kriterien zur Beurteilung der **Leistungsfähigkeit des Unternehmens** des Lieferanten (gesamtes Marktleistungsangebot, gesamtes Unternehmen).

5.3.3 Durchführung

Bei der Lieferantenbeurteilung müssen die aufgewendeten Ressourcen – abhängig von der Bedeutung der Beschaffungsentscheidung – stets in einem angemessenen **Verhältnis zum Nutzen** stehen. Deshalb ist es hilfreich, im Zuge der Segmentierung der Lieferantenbasis gleich die Anforderungen an die Lieferantenbeurteilung festzulegen.

Lieferantenbeurteilung und -auswahl darf keine Einzel- sondern muss eine **Teamentscheidung** sein. Allein aus dem Einkauf heraus ist es unmöglich, eine umfassende Lieferantenbeurteilung durchzuführen. Deshalb sollten Einkauf, Entwicklung, Produktion, Qualitätsmanagement und unter Umständen Controlling und Vertrieb die Beurteilung gemeinsam vornehmen.

5.4 Lieferantenauditierung

5.4.1 Ziele von Auditierungen

Lieferantenbeurteilungen finden häufig „am grünen Tisch" statt, ohne dass die Beurteilenden sich ein Bild über die Situation vor Ort machen. Da dies oft nicht ausreicht, um alle Risiken erkennen und alle Chancen ausnutzen zu können, führen Unternehmen bei wichtigen Lieferanten Lieferantenauditierungen durch.

Lieferantenaudits **helfen Abnehmern** in vielerlei Hinsicht:

▶ Er kann sich selbst ein Bild über die Situation des Lieferanten machen.

▶ Bei Audits kann man gezielt auf Schwachstellen des Lieferanten eingehen und Probleme ausführlicher diskutieren.

▶ Auditoren können unternehmensspezifische Anforderungen, die an den Lieferanten gestellt werden, gezielter untersuchen.

▶ Audits zwingen den Beurteilenden, systematisch und zielgerichtet vorzugehen.

▶ Lieferantenaudits kann man als Basis für Lieferantenentwicklungs-Aktivitäten verwenden.

Audits bieten auch **für Lieferanten** einige **Vorteile**:

▶ Aufzeigen von Verbesserungsmaßnahmen, die den Lieferanten die Möglichkeit geben das Qualitätsniveau zu verbessern sowie die Kosten zu reduzieren (z. B. die Kosten durch Ausschuss);

▶ „Objektivierung" interner Schwachstellen (Audit-Bericht);

▶ Know-how-Transfer;

▶ ein Audit durch den Abnehmer unterstützt den Lieferanten bei der Vorbereitung auf ein Audit durch eine Zertifizierungsgesellschaft (z. B. ISO-Zertifizierung).

5.4.2 Durchführung

Die Durchführung von Lieferantenaudits ist zeitaufwendig und kostspielig. Je nach Standort des Lieferanten (Inland, Ausland) kommen Reisezeiten hinzu. Deshalb müssen Unternehmen **Prioritäten** für die Durchführung von Audits festlegen. Dazu muss der Einkauf folgende Fragen beantworten:

- Bei welchen Warengruppen wird auditiert?
- Welche Lieferanten werden auditiert (z. B. als Ergebnis der Lieferantenbeurteilung)?
- Wie umfassend ist ein Audit?
- Wie oft führt man Audits durch?
- Wer führt Audits durch?

 Audits können der Abnehmer selbst oder eine unabhängige Organisation (z. B. ISO) durchführen. Der Abnehmer muss immer den enormen Aufwand einer eigenen Auditierung berücksichtigen.

Audit-Fragebögen sollten sich an den Elementen offizieller Zertifizierungsgesellschaften orientieren und um unternehmensspezifische Anforderungen wie

- Bemusterungen,
- Prüfabläufe,
- Dokumentationsprozesse und -formate,
- Verbesserungsprozesse oder
- Anforderungen an Fertigung und Logistik
  ergänzt werden.

Der **Ablauf** eines Lieferantenaudits könnte folgendermaßen aussehen:

▶ **Ankündigung:** Das Audit wird dem Lieferanten schriftlich angekündigt. Ihm werden der festgelegte Auditumfang, der Termin, die Dauer (i. d. R. ein Tag) und die Auditoren mitgeteilt.

▶ **Vorbereitung durch den Lieferanten:** Zur Vorbereitung erhält der Lieferant den im Audit verwendeten Fragebogen. Der Lieferant kann die notwendigen Unterlagen bereitstellen. Gleichzeitig sollte der Lieferant dem Abnehmer (Auditor) QM-Dokumentationen (Handbücher, Prüfabläufe etc.) vorab zur Verfügung stellen.

▶ **Auditierung vor Ort:** Ein Audit wird jeweils durch ein cross-funktionales Team des Abnehmers durchgeführt. Dem Team gehören mindestens der Einkauf und die Qualitätssicherung an, ergänzt evtl. um Mitarbeiter aus Produktion oder Entwicklung. Das Audit startet mit einem Einführungsgespräch. Danach werden die Auditinhalte während eines Produktionsdurchlaufes geprüft und die weitere Vorgehensweise in einem Abschlussgespräch abgestimmt.

▶ **Nachbereitung:** Nach Abschluss des Audits müssen die Auditoren zwingend einen schriftlichen Auditbericht verfassen, in dem sie die Schwachstellen nochmals bewerten. Nur so kann man diese im eigenen Unternehmen und beim Lieferanten kommunizieren und diskutieren. Daraus müssen Einstufungen, notwendige Korrekturmaßnahmen und Terminvorgaben zur Umsetzung hervorgehen. Der Lieferant erhält den Auditbericht zugestellt.

 GEZE auditiert Lieferanten von Produktionsmaterial mit großem Einfluss auf die Qualität des Endproduktes und hohem Lieferanteil. Beim Audit wird die Qualitätsfähigkeit ermittelt. GEZE verzichtet unter Umständen auf ein Audit, wenn seitens einer externen Stelle eine neutrale Zertifizierung (z. B. ISO 9001) vorliegt. Aus dem Audit erfolgt die Einstufung der Lieferanten in verschiedene Kategorien:

- **Lieferant A:** Die Beauftragung des Lieferanten kann ohne Einschränkung erfolgen. Er ist für zukünftige Geschäftsbeziehungen zu favorisieren.
- **Lieferant B:** GEZE benachrichtigt den Lieferanten über die Abweichung und bittet um korrektive Maßnahmen. Der Lieferant darf nur als Hauptlieferant berücksichtigt werden sofern kein A-Lieferant verfügbar ist. Wenn keine Verbesserungsaussicht besteht, sollte die Geschäftsbeziehung reduziert werden.
- **Lieferant C:** Die Geschäftsbeziehung wird beendet, falls kurzfristig keine Verbesserung eintritt.

5.5 Zusammenfassung

5.5.1 Voraussetzungen

Das Management der Lieferantenbasis kann nur funktionieren, wenn die Voraussetzungen im Unternehmen vorhanden sind. Prozesse und Aufbauorganisation müssen die Vielzahl an Aktivitäten unterstützen und IT-Systeme die Durchführung ermöglichen.

Das konzernweite Management der Lieferantenbasis über alle Geschäftsbereiche hinweg setzt bei **Siemens** eine sinnvolle Abwägung von Standardisierung (z. B. bei Lieferantenbewertungskriterien und -tools) und Berücksichtigung von dezentralen Eigenheiten (z. B. bei den unterschiedlichen Geschäftscharakteristiken der Geschäftsbereiche) voraus. Traditionell nutzt Siemens DV-Tools zur Unterstützung von Einkaufsaktivitäten sehr intensiv. So setzt Siemens beim Lieferantenmanagement neben dem

Supplier Evaluation System (SES) für die Lieferantenbewertung noch weitere DV-Tools sowie das Einkaufs-Informations-System (EIS) ein.

Das Management der Lieferantenbasis liegt traditionell in der Verantwortung des Einkaufs. Die besten Erfolge kann man erzielen, wenn alle Standorte oder Konzerngesellschaften einbezogen werden. Das Potenzial liegt in der **unternehmensweiten Zusammenarbeit**.

 Bei **Austria Tabak** zeichnet der Einkauf hauptverantwortlich für die Mehrzahl der Teilprozesse des Managements der Lieferantenbasis. Deshalb obliegt die **Lieferantenbeziehungsverantwortung** immer einem Mitarbeiter des Einkaufs.

5.5.2 Benchmarking

Durch ein **Benchmarking** mit anderen Unternehmen können Unternehmen überprüfen, ob sie beim Management der Lieferantenbasis „auf dem richtigen Weg" sind. Kennzahlen zur Positionsbestimmung erhält man beispielsweise aus den Benchmarking-Ergebnissen des Center for Advanced Purchasing Studies (CAPS).

Die CAPS-Ergebnisse (Purchasing Performance Benchmarks) stehen für zahlreiche Industrien, Dienstleistungsunternehmen sowie öffentliche Verwaltungen im Internet online und kostenlos zur Verfügung (www.capsresearch.org).

Benchmark		Pharma	Chemie
Einkaufsvolumen pro Lieferant (in Tsd. US$)	Durchschnitt	218	558
	Minimum	72	116
	Maximum	488	2292
Anteil aktiver Lieferanten, die 90 % des Einkaufsvolumens ausmachen (in %)	Durchschnitt	15,7	9,8
	Minimum	1,0	2,0
	Maximum	30,0	20,0
Veränderung der Anzahl aktiver Lieferanten (in %)	Durchschnitt	−2,3	-9,1
	Minimum	-10,0	-32,0
	Maximum	+20,0	+2,0
Unternehmen mit formalem Lieferantenbewertungssystem (in %)	Durchschnitt	44,4	88,9
Unternehmen mit formalem Lieferantenzertifizierungssystem (in %)	Durchschnitt	100,0	11,1
Anteil zertifizierter Lieferanten (in %)	Durchschnitt	11,7	59,0
	Minimum	1,0	3,0
	Maximum	40,0	100,0
Volumen bei strategischen Allianzpartnern (in %)	Durchschnitt	19,6	42,3
	Minimum	2,0	25,0
	Maximum	60,0	70,0
usw.	...	...	...

Bild 24: *Ausgewählte Benchmarking-Kenngrößen zum Management der Lieferantenbasis aus der Chemie- und Pharmaindustrie*

6 Lieferantenentwicklung

6.1 Leistungslücken

Als Ergebnis einer Gap-Analyse können Abnehmer zur Erkenntnis kommen, dass man die

▶ derzeitigen Ziele oder
▶ zukünftigen Bedarfe

mit der bestehenden Lieferantenstruktur, der momentanen Leistungsfähigkeit von Lieferanten und den aktuellen Lieferantenbeziehungen nicht erreichen kann.

 Je größer der Einfluss des Lieferanten auf die eigene Wettbewerbsfähigkeit, desto höher sollten die Ziele für den Lieferanten gesteckt werden.

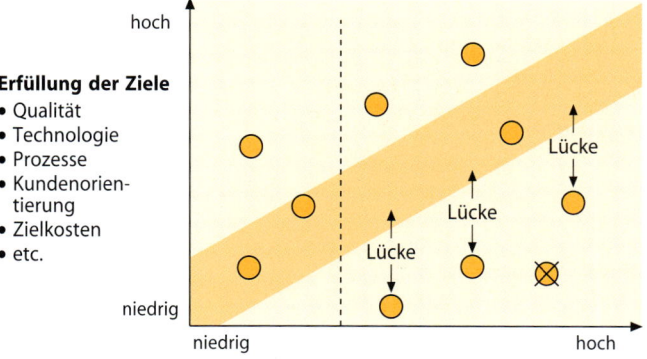

Bild 25: *Gap-Analyse zur Beurteilung des Handlungsbedarfs*

Vorgehensweise bei der Gap-Analyse:
- Identifikation der Leistungslücken anhand ausgewählten Kriterien,
- Bewertung der Lücken,
- Ableitung möglicher Handlungsalternativen,
- Beurteilung und Auswahl der Alternativen.

Der Abnehmer muss nicht zwangsläufig Lieferantenentwicklung betreiben, sondern kann mit Leistungslücken auch anders umgehen. Stellt der Abnehmer fest, dass eine Lücke vorhanden ist, stehen ihm verschiedene Alternativen offen:

▶ Lieferantenwechsel (Ausphasen),
▶ Entwicklung der bestehenden Lieferanten,
▶ Entwicklung neuer Lieferanten,
▶ Übernahme von Lieferanten (Insourcing).

Welche der vier Maßnahmen sollte ein Abnehmer verfolgen? Die Antwort hängt vom betroffenen Produkt bzw. der Warengruppe ab.

Bei standardisierten, unkritischen Materialien ist der **Lieferantenwechsel** nur mit geringen Kosten verbunden und kann deshalb die vorteilhafteste Strategie sein. Die Strategie, den Lieferanten zu wechseln – insbesondere bei gegenseitigen Abhängigkeitsverhältnissen, bei langjährigen Geschäftsbeziehungen oder bei komplexen Objektstrategien – kann dagegen mit hohen Kosten verbunden sein und sollte deshalb nur in Ausnahmefällen verfolgt werden.

Das andere Extrem bilden innovative Produkte oder Prozesstechnologien, die einen echten Wettbewerbsvorteil für Abnehmer bieten können. Hier sollte der Abnehmer die **Übernahme des Lieferanten** in Erwägung ziehen. In der Folge würde er das Produkt selbst fertigen bzw. die Technologie im eigenen Hause aufbauen. Insourcing ist aber nur in Ausnahmefällen sinnvoll. Der Abnehmer geht, um ein Versorgungsrisiko zu verringern, meist ein großes finanzielles Risiko ein. Zum anderen kann diese Maßnahme der Konzentration auf die Kernkompetenzen widersprechen.

Aufgrund der genannten Einschränkungen besitzt die **Lieferantenentwicklung** eine große Attraktivität. In Fällen, die zwischen den beiden Extremen – Lieferantenwechsel und Übernahme des Lieferanten – liegen, stellt Lieferantenentwicklung oftmals die beste Alternative dar.

Für „Lieferantenentwicklung" findet man in der Praxis unterschiedliche Ausprägungen. Darunter fallen Begriffe wie Lieferantensicherung, Supplier Assistance, Lieferantenförderung, Supplier Performance Improvement, Lieferantenaufbau oder Reverse-Marketing. Alle Formen haben dreierlei gemeinsam:

▶ **Vorleistung:** Der Abnehmer geht in Vorleistung, weil er erwartet, dass er durch die Maßnahme in Zukunft eine bessere Leistung vom Lieferanten erhält.

▶ **Aktive Unterstützung:** Der Abnehmer unterstützt den Lieferanten aktiv. Passive Maßnahmen, wie z. B. die Vorgabe von Zielen gegenüber den Lieferanten oder vertragsrechtliche Forderungen, stellen hingegen keine Lieferantenentwicklung dar.

▶ **Partnerschaft:** Der Abnehmer signalisiert dem Lieferanten ein weiter gehendes Interesse an einer partnerschaftlichen Geschäftsbeziehung.

6.2 Intensität der Entwicklung

Passive Maßnahmen wie die Verstärkung des Wettbewerbs unter den Lieferanten oder die bloße Forderung nach geringeren Preisen und besseren Leistungen helfen dem Lieferanten meist nicht, sondern setzen ihn nur unter Druck. Unter die **aktiven Maßnahmen** fallen hingegen:

▶ **Prozessorientierte, operative Beratung:** Der Abnehmer hilft dem Lieferanten, seine Produktions- oder Logistikprozesse in Ordnung zu bekommen.

▶ **Know-how-Transfer:** Technologie-Know-how oder sonstiges Fachwissen wird dem Lieferanten zur Verfügung gestellt.

▶ **Beratung zu strategischen Fragestellungen:** Der meist mit mehr Ressourcen ausgestattete Abnehmer unterstützt den Lieferanten bei strategischen Entscheidungen. Er liefert Daten als Entscheidungsgrundlage oder unterstützt ihn methodisch (z. B. SWOT-Analysen, Szenario-Planung).

▶ **Unterstützung beim Markteintritt:** Der Abnehmer hilft dem Lieferanten, in einem für ihn neuen Absatzmarkt erfolgreich auftreten zu können (Reverse-Marketing).

 Für den Einkauf von **Audi** ist es das oberste Ziel, Auslandsaktivitäten gemeinsam und partnerschaftlich mit den bisherigen Serienlieferanten aufzubauen. Man möchte einen möglichst großen Anteil an Local-Content erreichen. Audi ergreift deshalb die Initiative und hilft den Lieferanten beim Aufbau von Absatzmärkten und Produktionskapazitäten im Ausland. Um den Lieferanten den Einstieg in China zu erleichtern oder sogar erst zu ermöglichen, fungiert Audi als „Heiratsvermittlung" zwischen den bisherigen, deutschen Serienlieferanten und chinesischen Unternehmen. Audi muss bei der auf den ersten Blick einfachen Aufgabe enorme Ressourcen einsetzen, so z. B. für Verhandlungen mit potenziellen Kooperationspartnern.

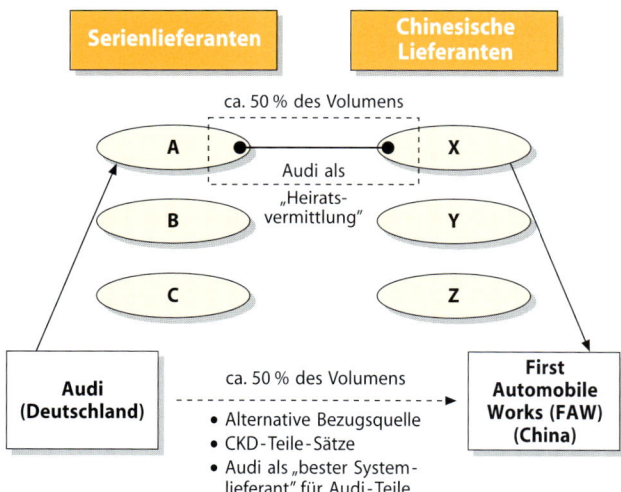

Bild 26: *„Heiratsvermittlung" von Serien- und chinesischen Lieferanten bei Audi*

 Für das von Audi in einem Joint Venture mit First Automobile Works (FAW) zukünftig in Changchun gefertigte Modell A6 werden ca. 70 der rund 650 A6-Lieferanten aus Neckarsulm in China aktiv. Hierbei handelt es sich jedoch um A- und B-Lieferanten, so dass Audi rund 50 % des Volumens lokal einkaufen kann. Für die restlichen 50 % des Volumens greift Audi auf alternative Bezugsquellen in Europa zurück oder liefert CKD-Teile-Sätze aus Deutschland.

▶ **Transfer personeller Ressourcen:** Mitarbeiter des Abnehmers sind temporär beim Lieferanten vor Ort tätig, weil der Lieferant die notwendigen Ressourcen (Kapazitäten oder Know-how) nicht aufbringen kann.

▶ **Finanzielle Unterstützung:** Anstehende, notwendige Investitionen – die auch für den Abnehmer wichtig sind – können vom Lieferanten nicht finanziert werden. Der Abnehmer hilft hier in Form von Krediten oder anderen Finanzierungsmodellen.

 Nur aktive Maßnahmen stellen eine wirkliche Lieferantenentwicklung dar.

In einer Studie wurden Industrieunternehmen über den Einsatz unterschiedlicher Lieferantenentwicklungs-Maßnahmen befragt. Die Ergebnisse zeigen, dass die Unternehmen bei der Lieferantenentwicklung grundsätzlich noch sehr zurückhaltend sind.

Die Maßnahmen der Lieferantenentwicklung sollten – wie auch bei der Lieferantenintegration – nicht auf die 1st-Tier-Lieferanten beschränkt bleiben, sondern die **gesamte Supply Chain** umfassen.

 Siemens KWU beschränkt die Aktivitäten nicht nur auf 1st-Tier-Lieferanten, sondern bezieht, wenn erforderlich, auch Sub-Lieferanten mit ein. Dadurch reduziert Siemens KWU das Risiko, dass der Lieferant seine Liefer- und Leistungsverpflichtungen aufgrund von Problemen mit Vormaterial nicht qualitäts- oder termingerecht erfüllen kann.

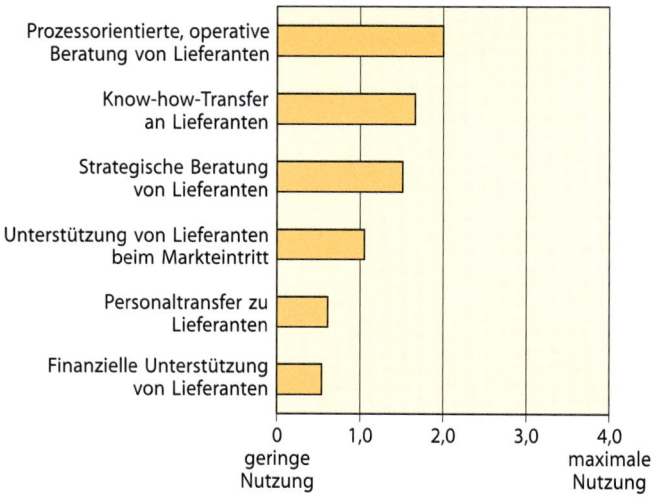

Bild 27: *Einsatz der Lieferantenentwicklung*

6.3 Lieferantenförderung

Unter Lieferantenförderung versteht man alle Maßnahmen zur Unterstützung **bestehender Lieferanten** durch den Abnehmer. Der Lieferant soll dadurch in die Lage versetzt werden, eine Leistung unter Qualitäts- und Kostengesichtspunkten in Zukunft effizienter erbringen zu können als gegenwärtig. Lieferantenförderung ist die am häufigsten angewandte Form der Lieferantenentwicklung. Da der Abnehmer den Lieferanten bereits kennt, kann man die Risiken besser einschätzen als beim Lieferantenaufbau.

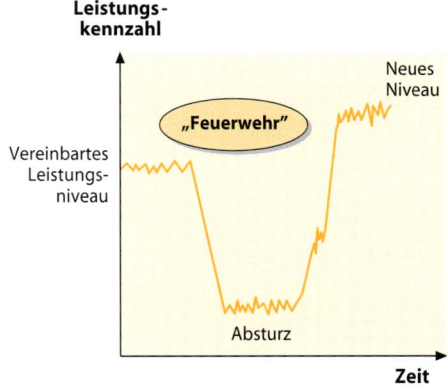

Reaktive Lieferantenförderung

Leistungs-
kennzahl

Neues
Niveau

„Feuerwehr"

Vereinbartes
Leistungs-
niveau

Absturz

Zeit

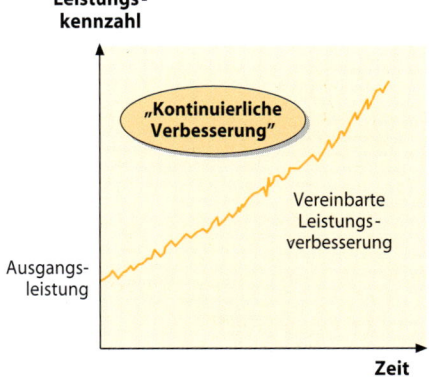

Aktive Lieferantenförderung

Leistungs-
kennzahl

„Kontinuierliche
Verbesserung"

Vereinbarte
Leistungs-
verbesserung

Ausgangs-
leistung

Zeit

Bild 28: *Aktive Lieferantenförderung – kontinuierliche Verbesserung der Lieferantenleistung*

Wie beim Lieferantenmanagement kann man auch bei der Lieferantenförderung zwischen aktivem und reaktivem Verhalten unterscheiden. Bei der **reaktiven Lieferantenförderung** nimmt der Abnehmer die Rolle einer „Feuerwehr" ein und hilft dem Lieferanten nur, wenn massive Probleme auftreten. Bei der **aktiven Lieferantenförderung** hingegen versucht der Abnehmer, gemeinsam mit dem Lieferanten das Leistungsniveau kontinuierlich zu verbessern.

6.4 Lieferantenaufbau

 Die Risiken für den Abnehmer sind bei der Unterstützung von Lieferanten, mit denen noch keine Lieferantenbeziehung besteht i. d. R. sehr viel höher als bei Lieferanten, mit denen der Abnehmer schon länger zusammenarbeitet.

Trotzdem ziehen Unternehmen Lieferantenaufbau, d. h. die Entwicklung von **neuen oder potenziellen Lieferanten**, ebenfalls in Betracht.

 Für den Bereich Fossile Energieerzeugung (FEE) des Kraftwerksbauers **Siemens KWU** ist die Entwicklung neuer Lieferanten in unterentwickelten Ländern aus Vertriebsgesichtspunkten eine unabdingbare Notwendigkeit.
Bei komplexen Finanzierungsmodellen von Independent Power Producern (IPP) werden häufig erhebliche Anteile von nationalen, staatlichen Banken finanziert. Zur Unterstützung der heimischen Wirtschaft können diese Banken Local-Content-Forderungen stellen. Sie verlangen, dass Siemens KWU einen Teil der Materialien und Leistungen im Heimat-

land beschafft. Könnte Siemens diese Local-Content-Anforderungen nicht erfüllen, würde das Finanzierungskonzept und damit das Projekt scheitern. Gibt es in dem jeweiligen Land keine ausreichend qualifizierten Lieferanten, ist Lieferantenentwicklung für Siemens die einzige Möglichkeit, den Anforderungen dennoch gerecht zu werden.

6.5 Durchführung

Sowohl für die Lieferantenförderung als auch für den Lieferantenaufbau empfiehlt sich ein mehrstufiger Prozess:

▶ **Grundsatzentscheidung:** Das Management muss zunächst analysieren, ob die Situation des Unternehmens die Durchführung von Lieferantenentwicklungs-Maßnahmen rechtfertigt und ermöglicht. Dies hängt z. B. von den strategischen Zielen des Unternehmens, der Unternehmensgröße, der Ressourcenverfügbarkeit und der Kompetenz zur Lieferantenentwicklung ab. Fällt die Antwort positiv aus, so sollte ein Lenkungsgremium eingesetzt werden, das die weiteren Schritte treibt.

▶ **Identifikation der kritischen Warengruppen:** Das Lenkungsgremium muss unter Anwendung einer Warengruppen-Matrix – beispielsweise einer Risiko-Volumen-Matrix – diejenigen Warengruppen und Beschaffungsobjekte auswählen, bei denen ein Verbesserungsbedarf besteht und die aufgrund ihrer strategischen Bedeutung den hohen Aufwand einer Lieferantenentwicklung rechtfertigen.

▶ **Identifikation der kritischen Lieferanten (Gap-Analyse):** Als nächstes muss das Management die Leistungsdefizite der tatsächlichen (Lieferantenförderung) und potenziellen

(Lieferantenaufbau) Lieferanten ermitteln und davon einige Lieferanten für Verbesserungsmaßnahmen auswählen. Die endgültige Entscheidung darüber, ob ein Lieferant entwickelt werden soll, kann man aber erst nach intensiven Gesprächen mit Vertretern des Lieferanten treffen. Rechtfertigt keiner der Lieferanten eine Lieferantenentwicklung, so muss der Lieferant gewechselt oder übernommen werden.

▶ **Anpassung der Lieferantenstrategien:** Nach den vorherigen Schritten sollte die Anpassung bzw. Erstellung der Lieferantenstrategien für die jeweiligen Lieferanten erfolgen.

▶ **Bildung eines cross-funktionalen Teams:** Ist die Entscheidung für einen Lieferanten und ein Beschaffungsobjekt getroffen, so kann der Abnehmer ein cross-funktionales Team – meist unter Federführung der Beschaffung – aufsetzen und die eigentlichen Verbesserungsmaßnahmen starten.

▶ **Schaffung der Grundlagen der Zusammenarbeit:** Das Team sollte als wichtigste Maßnahme den Kontakt zum Top-Management des Lieferanten aufnehmen und dabei die Grundlagen der Zusammenarbeit schaffen. Man muss die technologischen und strategischen Ziele abgleichen, Total-Cost-of-Ownership als grundsätzliche Messmethode installieren und durch die Validierung der anvisierten Maßnahmen die partnerschaftliche Geschäftsbeziehung verstärken.

▶ **Identifikation der Schlüsselprojekte:** Nach Identifikation aussichtsreicher Ansätze zur Leistungsverbesserung müssen diese einer detaillierteren Beurteilung unterzogen werden. Beurteilt werden Durchführbarkeit, Ressourcenbedarf, Zeitaufwand und Ergebniswirksamkeit. Wichtig ist außerdem die Bereitschaft des Abnehmers und des Lieferanten für die Veränderungen. Hiermit möchte man herausfinden, ob die Maßnahmen erreichbar und realistisch sind.

▶ **Festlegung von Details der Vereinbarung:** Nach Auswahl der Projekte müssen sich die Partner auf spezielle Metriken zur Messung der Verbesserungsmaßnahmen sowie auf Ecktermine und Aufgaben der Beteiligten einigen.

▶ **Umsetzung:** Nun kann mit der Arbeit an den Maßnahmen und der Umsetzung der Projekte begonnen werden.

▶ **Controlling und Modifikation der Strategien:** Wie jedes Projekt verlangen auch diese ein laufendes Controlling der Umsetzung der Maßnahmen und erzielten Ergebnisse. Unter Umständen kann die Notwendigkeit bestehen, Strategien zu ändern.

Bei **Siemens AT** initiiert ein Supplier Management Board die Lieferantenentwicklungsbedarfe und legt die Aktionspläne fest. Aktionen sind beispielsweise:

• Supplier Classification,
• Supplier Development,
• Supplier Productivity Management,
• Supplier Training.

Der Anstoß zur Lieferantenentwicklung kommt aus unterschiedlichen Dossiers des Konzerns oder des Geschäftsbereichs Automobiltechnik.

Der Erfolg von Lieferantenentwicklungs-Aktivitäten wird von zahlreichen Faktoren bestimmt. Lieferantenentwicklung erfordert beispielsweise, dass nicht nur der Abnehmer, sondern auch der Lieferant Ressourcen zur Verfügung stellt, und dass auf beiden Seiten die Bereitschaft zu offenem Informationsaustausch und zu partnerschaftlicher Zusammenarbeit besteht.

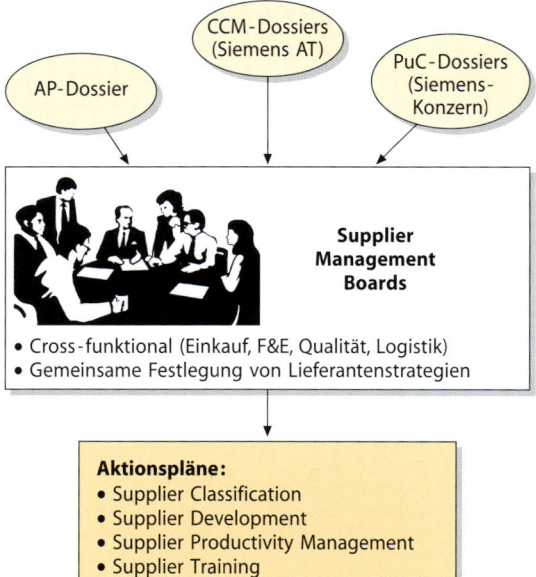

Bild 29: *Supplier Management Boards legen bei Siemens AT den Entwicklungsbedarf für Lieferanten fest*

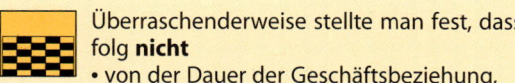

Überraschenderweise stellte man fest, dass der Erfolg **nicht**
• von der Dauer der Geschäftsbeziehung,
• dem Beschaffungsvolumen oder
• dem Umsatzanteil beim Lieferanten
abhängt – was man eigentlich annehmen könnte.

6.6 Zusammenfassung

Die erfolgreiche Umsetzung von Aktivitäten der Lieferantenentwicklung erfordert auch **organisatorische Voraussetzungen**. Unternehmen greifen meist auf eine oder mehrere der drei Organisationsalternativen zurück:

▶ **Lieferantenentwicklung als Geschäftsprozess:** Lieferantenentwicklung kann man als Geschäftsprozess mit den üblichen Kriterien (Input, Beteiligte, Schritte, Output, Tools etc.) abbilden. Tritt die Notwendigkeit zur Lieferantenentwicklung ein, können sich die Mitarbeiter an diesem Prozess orientieren.

▶ **Projektorientierte Lieferantenentwicklung:** Hier findet ebenfalls keine organisatorische Verankerung der Lieferantenentwicklung statt. Wenn erforderlich, wird ein meist interdisziplinäres Team zusammengestellt, das sich nach Durchführung der Lieferantenentwicklung wieder auflöst. Diese Alternative zeichnet sich durch große Flexibilität aus. Wenn Mitarbeiter in den Lieferantenentwicklungsprojekten nicht ausgelastet sind, können sie Aufgaben in ihren Bereichen übernehmen.

▶ **Organisatorische Verankerung der Lieferantenentwicklung:** Rechtfertigt der Umfang der Aktivitäten eine eigene Organisationseinheit (Abteilung), so kann diese dem Einkauf oder der Qualitätssicherung zugeordnet sein. Dies kann sogar bis zur Bildung einer eigenen Business Unit mit Geschäftsverantwortung führen.

Selbstverständlich können auch Mischformen vorkommen. Insbesondere kann Lieferantenentwicklung in einem Geschäftsprozess abgebildet und **gleichzeitig** organisatorisch verankert sein oder projektorientiert betrieben werden.

Defizite

- Lieferantenbeurteilung
- Lieferantenbewertung
- Lieferantenauditierung
- Gap-Analyse

Ziele

- Lieferantenstrategie
- Förderungs-/Aufbaumaßnahmen

Umsetzung

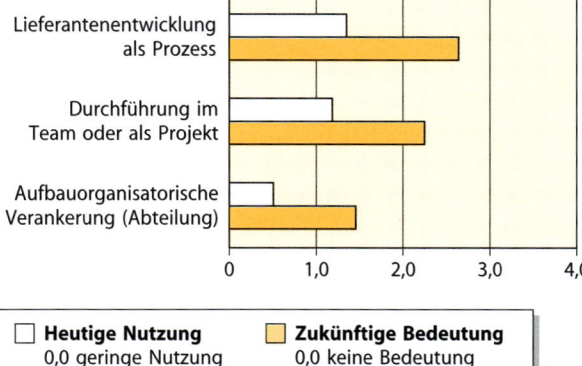

Bild 30: *Organisationsvarianten zur Umsetzung der Lieferantenentwicklung*

Eine Untersuchung zeigte, dass sich Unternehmen in Zukunft besser für die Lieferantenentwicklung organisieren wollen – vor allem in Geschäftsprozessen und in Form temporärer Projekte. Die Bildung einer Abteilung ist jedoch nur für Großunternehmen sinnvoll, da ansonst die Auslastung nicht gewährleistet ist. Automobilhersteller nutzen diese Organisationsform intensiver. Automobilzulieferer folgen diesem Trend.

 Webasto, ein Zulieferer von Dach- und Thermosystemen, schuf durch die Institutionalisierung einer Abteilung „Supply Promotion", die direkt dem Director of Purchasing untersteht, eine Funktion, die sich hauptamtlich mit der Lieferantenförderung beschäftigen kann. Die Abteilung besteht aus Ingenieuren bzw. Technikern. Im Vordergrund steht die systematische Entwicklung von Qualität, Prozessen und Organisationsstrukturen bei Lieferanten. Operative oder strategische Einkäufer hätten nicht die Zeit, sich intensiv um diese wichtige Aufgabe zu kümmern.

Neben der Ablauf- und Aufbauorganisation muss Lieferantenentwicklung über ein stringentes **Controlling** (Projektcontrolling) bzw. Maßnahmenmanagement verfügen:

▶ Beurteilung Stand der Maßnahmen,
▶ Messung der Ergebnisse,
▶ Bewertung der Ergebnisse,
▶ Nachhalten der Maßnahmen.

Daraus kommen die Informationen für das **Berichtswesen** an die Verantwortlichen beim Abnehmer und beim Lieferanten.

7 Lieferantenintegration

7.1 Frühzeitige Einbindung des Einkaufs

7.1.1 Integration des Einkaufs

Die Involvierung eines Lieferanten setzt die Integration des Einkaufs voraus. Andererseits kann es sinnvoll sein, nur den Einkauf in unternehmensinterne Prozesse zu integrieren, den Lieferanten aber nicht.

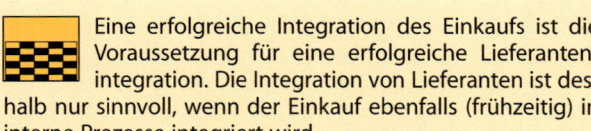

Eine erfolgreiche Integration des Einkaufs ist die Voraussetzung für eine erfolgreiche Lieferantenintegration. Die Integration von Lieferanten ist deshalb nur sinnvoll, wenn der Einkauf ebenfalls (frühzeitig) in interne Prozesse integriert wird.

So müssen Unternehmen bei der Produktentwicklung ständig Make-or-Buy-Entscheidungen treffen, bei denen der Einkauf unbedingt involviert sein sollte. Unabhängig vom Ergebnis der Entscheidung ist es aber nicht zwingend erforderlich, dass bei einer Fremdvergabe später der Lieferant ebenfalls intensiv integriert wird. Es kann sich dann um eine routinemäßige Abwicklung der Beschaffung eines Standardproduktes handeln.

7.1.2 Integrationszeitpunkt

Industrieunternehmen integrieren ihre Lieferanten heute unterschiedlich stark in interne Abläufe. In der sehr frühen Phase der strategischen Planung von Produkten und beim Kundendienst sind Unternehmen heute noch sehr zögerlich. Eine intensive Einbindung von Lieferanten findet jedoch während des Detail-Designs, der Pilot-Produktion und der Produktion statt.

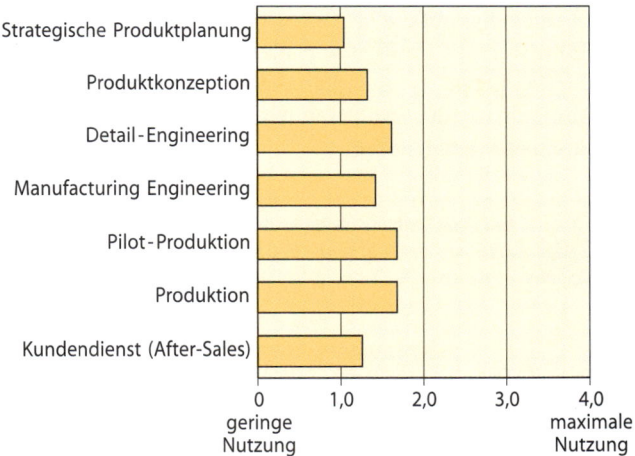

Bild 31: *Integrationszeitpunkte: Nutzung des Innovations- und Produktivitätspotenzials von Lieferanten*

 Abnehmer können die Intensität der Zusammenarbeit mit ihren Lieferanten variieren und in unterschiedlichem Maße auf das Innovations- und Produktivitätspotenzial der Lieferanten zurückgreifen.

Man kann immer wieder feststellen, dass sich die Frage der Lieferantenintegration auf zwei Phasen reduziert: die Entwicklungs- und die Industrialisierungsphase. Die Entwicklungsphase umfasst die ersten drei und die Industrialisierungsphase die letzten vier Phasen.

7.2 Integration in der Entwicklungsphase

Die Mitwirkung von Lieferanten in der Entwicklungsphase ist keineswegs auf die Verringerung der Herstellkosten beschränkt, sondern umfasst vor allem Innovationen und die Einführung neuer Technologien – oft in Bereichen, in denen der Abnehmer keine Erfahrung hat oder die nicht zu seinen Kernkompetenzen gehören.

 Der Wertbeitrag eines Lieferanten in einer solchen Rolle ist damit erheblich größer.

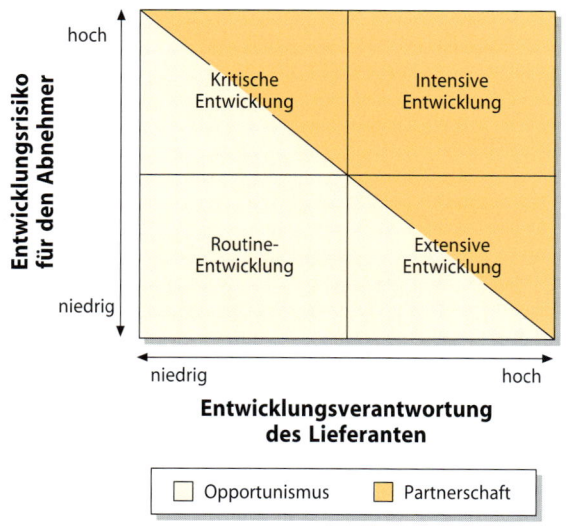

Bild 32: *Normstrategien bei der Lieferantenintegration in der Entwicklungsphase*

Lieferantenintegration in der Entwicklungsphase wird im Wesentlichen von zwei Faktoren bestimmt. Zum einen von der dem Lieferanten zu übertragenden Entwicklungsverantwortung und zum anderen dem Entwicklungsrisiko des Abnehmers. Man kann Beschaffungsobjekte entsprechend in einem Portfolio positionieren.

7.2.1 Entwicklungsverantwortung des Lieferanten

Die Entwicklungsverantwortung des Lieferanten nimmt vom Teile- über den Komponenten- und Modul- bis zum Systemlieferanten ständig zu. Es lassen sich unterschiedliche Grade der Fremdvergabe unterscheiden:

- **Technische oder einkäuferische Spezifikation:** Der Lieferant richtet seine Fertigungsprozesse vollständig nach den technischen Spezifikationen des Abnehmers aus. Er übernimmt die Verantwortung für die Fertigungsprozesse und die Fertigung selbst.
- **Detail-Design:** Auf Basis eines Detail-Designs vom Abnehmer verantwortet der Lieferant die Einrichtung seiner Produktions- und Montageprozesse und die eigentliche Produktion und Montage.
- **Global-Design:** Der Abnehmer übergibt dem Lieferanten ein globales Design, welches der Lieferant detailliert und anschließend testet. Außerdem obliegt dem Lieferanten wiederum die Verantwortung für Produktions- und Montageprozesse und die eigentliche Produkterstellung.
- **Funktionale Spezifikation:** Der Abnehmer spezifiziert lediglich die notwendigen Funktionen. Der Lieferant trägt vollständig die Entwicklungsverantwortung und selbstverständlich die Verantwortung für Produktion und Montage.

Entscheidend bei der Vergabe ist die Definition der Systemgrenzen, d.h. die Antwort auf die Frage: „Wer macht was?"

Absolute Voraussetzung für den Erfolg ist, dass Systementwurf und Produktarchitektur der Art der Vergabe entsprechen. Dies beginnt mit der Aufteilung in Funktionsblöcke, so dass die Funktionen an die Spezialisierungsbereiche der Zulieferer anknüpfen.

7.2.2 Entwicklungsrisiko für den Abnehmer

Das Entwicklungsrisiko für den Abnehmer lässt sich anhand einer Reihe von Fragen bestimmen:

▶ Leistet das Beschaffungsobjekt einen wichtigen Beitrag zur Funktionalität des Gesamtsystems? Wie groß ist dieser Beitrag?

▶ Beeinflusst das Beschaffungsobjekt die technische Spezifikation und das Design anderer Bauteile/Systeme? Wie stark ist diese Beeinflussung?

▶ Bestimmt die Entwicklung des Beschaffungsobjektes und/oder die Beschaffungszeit von Komponenten für das Beschaffungsobjekt die Dauer des gesamten Entwicklungsprojektes des Abnehmers? Ist dies der kritische Pfad?

▶ Wie viele unterschiedliche Technologien werden in diesem Beschaffungsobjekt eingesetzt (interne Komplexität)?

▶ Sind die Fertigungstechnologien oder die Komponenten des Beschaffungsobjektes oder deren Anwendung neu für den Abnehmer?

Diese Liste muss um unternehmens- und branchenspezifische Fragen ergänzt werden. Durch Abtragen der Antworten auf einer Punkteskala und Aufsummierung der Punkte ergibt sich der Grad des Entwicklungsrisikos für den Abnehmer.

7.2.3 Normstrategien

Nach der Positionierung der Beschaffungsobjekte im Portfolio muss man geeignete Normstrategien zur Lieferantenintegration in der Entwicklungsphase ableiten und ein ausgewogenes Portfolio herstellen – was wiederum zu einer Neupositionierung der Beschaffungsobjekte und damit zu veränderten Normstrategien führen kann.

Die vier Normstrategien bei der Lieferantenintegration in der Entwicklungsphase sind:

▶ **Kritische Entwicklung:** Die kritische Entwicklung zeichnet sich durch ein hohes Entwicklungsrisiko für den Abnehmer und eine geringe Entwicklungsverantwortung des Lieferanten aus. Hierunter fallen beispielsweise Bauteile, bei denen der Lieferant die Standards setzt. Diese Bauteile beeinflussen das Design anderer Bauteile. Deshalb benötigt der Abnehmer frühzeitig Informationen vom Lieferanten darüber, welche technischen Lösungen im Gesamtsystem – bei Beachtung der Einschränkungen durch das „kritische" Bauteil – möglich sind. Der Abnehmer befindet sich in einem Abhängigkeitsverhältnis gegenüber dem Lieferanten. Er sollte versuchen, diese Abhängigkeit z. B. durch Maßnahmen des Vertrauensaufbaus zu reduzieren.

▶ **Routine-Entwicklung:** Bei Routine-Entwicklungen sind sowohl das Entwicklungsrisiko für den Abnehmer als auch die an den Lieferanten übertragene Entwicklungsverantwortung gering. Der Abnehmer übergibt dem Lieferanten detaillierte technische Spezifikationen, kontrolliert alle Änderungen und stellt sicher, dass Prototypen rechtzeitig geliefert werden. Anschließend testet er das vom Lieferanten bezogene Bauteil und das Gesamtsystem. Es findet nur eine geringe Kommunikation zwischen Abnehmer und Lieferant statt, die hauptsächlich darin besteht, dass man sich gegenseitig über den Arbeitsstand informiert. Diese Strategie der Lieferantenintegration entspricht weitgehend einer opportunistischen Zusammenarbeit der Unternehmen.

▶ **Intensive Entwicklung:** Bei der intensiven Entwicklung ist das Risiko für beide Unternehmen sehr hoch. Der Lieferant wird hier in sehr frühen Entwicklungsphasen involviert. Zu diesem frühen Zeitpunkt sind der Informationsfluss und die Inhalte der Kommunikation oftmals noch unstrukturiert und ungenau. Da der Abnehmer ein hohes Risiko eingeht, möchte er intensiv in die Arbeiten des Lieferanten einbezogen werden. Gleichzeitig zeichnet der Lieferant für die Entwicklung des Beschaffungsobjektes verantwortlich, obwohl nur grobe Vorstellungen über die Bedürfnisse des Abnehmers vorliegen. Voraussetzung für eine erfolgreiche Entwicklung ist eine intensive formelle und informelle Kommunikation. Auch hier sollte der Abnehmer versuchen, sein Risiko durch Maßnahmen des Vertrauensaufbaus oder Maßnahmen zur Kontrolle von möglichem opportunistischen Verhalten des Lieferanten zu reduzieren.

▶ **Extensive Entwicklung:** Hier übernimmt der Lieferant eine große Verantwortung. Dem steht ein geringes Entwicklungsrisiko für den Abnehmer gegenüber. Umfängliche Entwicklungsleistungen werden sehr formal an Lieferanten vergeben. Wie bei der intensiven Entwicklung erhält der Lieferant nur vage Informationen, z. B. in Form von funktionellen Spezifikationen. Die Kommunikation ist aber wesentlich geringer als bei einer intensiven Entwicklung.

Wenn sich die Beschaffungsobjekte auf sehr viele intensive Entwicklungen verteilen, dann besteht evtl. Bedarf zur Veränderung der Positionierung.

Den Unternehmen stehen nur begrenzte Kapazitäten zur Koordination zeitaufwendiger intensiver Entwicklungen zur Verfügung.

7.2.4 Bereitschaft der Lieferanten zur Mitarbeit

Für den Erfolg der Lieferantenintegration ist die Bereitschaft der Lieferanten für die Integration unerlässlich. Lieferanten gehen ein erhebliches Risiko ein, wenn sie frühzeitig an der Produktentwicklung mitwirken – meist ohne Sicherheit über den Erfolg eines Entwicklungsprojektes und mit dem Risiko, später durch einen anderen Lieferanten ausgetauscht zu werden. Die Bereitschaft der Lieferanten zum frühzeitigen Engagement in der Produktentwicklung des Abnehmers hängt deshalb von einigen Faktoren ab:

▶ **Verhalten des Kunden:** Zur Motivation von Lieferanten können Abnehmer dem Lieferanten zukünftiges Geschäft zusagen, ihm eine bessere Behandlung zukommen lassen oder ihm Unterstützung durch Lieferantenentwicklungs-Maßnahmen anbieten. Es zeigt sich, dass Hersteller, die gegenüber Lieferanten Zusagen über zukünftiges Geschäft abgeben, attraktive Kunden sind. Je mehr der Lieferant von der Einhaltung der zwischen Abnehmer und Lieferant getroffenen Vereinbarungen überzeugt ist, desto eher ist er bereit, in der Produktentwicklung aktiv und frühzeitig mitzuwirken.

▶ **Abhängigkeitsstrukturen:** Bei ungleicher Verteilung der Machtverhältnisse zu Gunsten des Abnehmers besteht die Gefahr, dass der Abnehmer Änderungen vom Lieferanten verlangt, ohne dafür eine entsprechende Kompensation anzubieten. Der mächtigere Abnehmer kann die Bedingungen der Geschäftsbeziehung bestimmen. Gegenseitige Abhängigkeit hingegen kann die negativen Auswirkungen einer ungleichen Machtverteilung aufheben. Je größer die gegenseitige Abhängigkeit, desto größer wäre der Schaden einer Aufkündigung.

▶ **Technologische Faktoren:** Die Wahl innovativer Kunden kann sich positiv auf die Wettbewerbsfähigkeit des Lieferanten auswirken. Innovative Kunden bieten die Möglichkeit, Know-how zu erwerben, das für andere Kunden und Produkte verwendet werden kann. Da der Lieferant profitieren möchte, sollte der technische Fortschritt des Kunden mit der „Technology-Roadmap" des Lieferanten in Beziehung stehen.

Der Abnehmer muss also bei seiner Strategie der Lieferantenintegration auch lieferantenbezogene Kriterien in Betracht ziehen und sein Verhalten entsprechend ausrichten.

 Die frühzeitige Integration von Lieferanten ist heute ein entscheidender Erfolgsfaktor für Unternehmen der Luftfahrt-, Raumfahrt- und Verteidigungsindustrie. So auch für die Airbus-Division der **EADS**. Das Unternehmen integriert Schlüssellieferanten bereits vor dem Launch, also in der Konzeptphase. Dadurch kann Airbus das Know-how der Lieferanten bereits in dieser kritischen Phase, bei der es um die Entscheidung für oder gegen die Umsetzung des Projektes geht, bestmöglich ausnutzen. Vor allem die Anforderungen an sog. Technologiematerialien, d. h. umfangreiche Fremdvergabepakete und Systeme, werden gemeinsam mit den Lieferanten in der frühen Rahmenspezifikationsphase definiert. Detailspezifikationen und -entwicklungen werden später vom Lieferanten eigenverantwortlich vorgenommen. Ein Projekt wie das Großraumflugzeug A380 birgt auch ein enormes Entwicklungsrisiko für Airbus. Lieferanten gehen in Vorleistung, indem sie die Entwicklungskosten finanzieren und diese erst über den Produktlebenszyklus des Endproduktes amortisieren. Diese heute in der Flugzeugindustrie übliche Vorgehensweise birgt jedoch für Airbus die Gefahr, dass Lieferanten sich mit zu niedrigen Preisen einkaufen („buying in") um sich später durch überzogene Änderungskosten die entgangenen Margen zurückzuholen.

Airbus schließt deshalb zur eigenen Absicherung sog. Risk- and Revenue-Sharing-Verträge mit Lieferanten technisch abgeschlossener Systeme ab. Der von Airbus während der Serienproduktion zu zahlende Preis für das System wird sehr früh über eine Formel festgelegt. Das Risiko der Amortisation liegt zwar beim Lieferanten, der damit vom Erfolg eines Airbus-Flugzeugmodells abhängig ist (Verkaufspreise, Verkaufsstückzahlen). Gleichzeitig hat er aber die Chance, durch das Revenue-Sharing in den Genuss eines höheren und/oder schnelleren Cash-Flows zu kommen. Die Amortisation kann für Airbus-Lieferanten über 25 bis 30 Jahre laufen.

Airbus befindet sich hier im Quadranten „Intensive Entwicklung". Mögliches opportunistisches Verhalten von Lieferanten versucht Airbus durch sog. Risk- and Revenue-Sharing zu verhindern. Airbus-interne Steuerkreise für Lieferanten und Lieferantenstrategien tragen zum Erfolg bei der Integration von Lieferanten in der Entwicklungsphase bei. Partnerschaftliche Lieferantenbeziehungen und intensive Kommunikation sind obligatorisch.

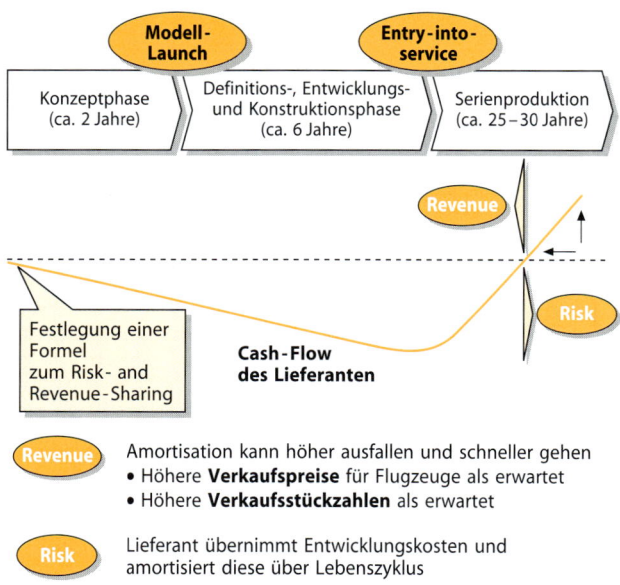

Bild 33: *Risk- and Revenue-Sharing bei Airbus*

7.3 Integration in der Industrialisierungsphase

Unter die Aktivitäten in der Industrialisierungsphase fallen Verbesserungen der Produktions- und Logistikprozesse, aber auch alle Aktivitäten der kontinuierlichen Verbesserung der Beschaffungsobjekte bzw. der sich in der (Serien-)Produktion befindlichen Endprodukte.

Zwei Faktoren bestimmen die Strategie der Lieferantenintegration in der Industrialisierungsphase. Zum einen die dem Lieferanten übertragene logistische Verantwortung und zum anderen das logistische Risiko des Abnehmers.

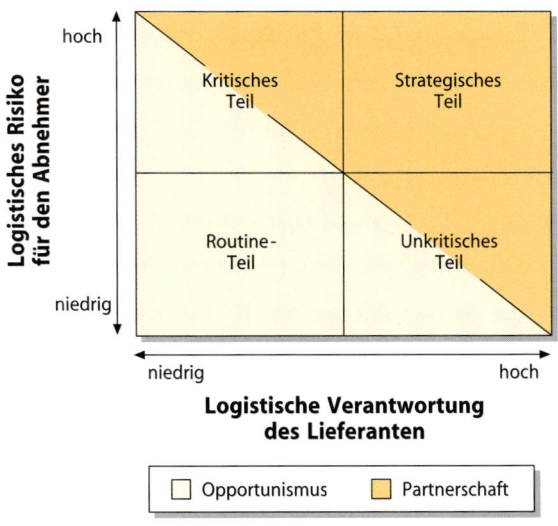

Bild 34: *Normstrategien bei der Lieferantenintegration in der Industrialisierungsphase*

7.3.1 Logistische Verantwortung des Lieferanten

Folgende Fragen geben Auskunft über die von einem Lieferanten übernommene bzw. an einen Lieferanten zu vergebende logistische Verantwortung:

▶ Handelt es sich um die Zulieferung von Einzelteilen, Komponenten, Baugruppen oder Modulen?
▶ Wie komplex ist das beschaffungslogistische Konzept für den Lieferanten (VMI, CRP, JIT etc.)?
▶ Welche Verantwortlichkeiten für logistische Planungsaufgaben (Bestand, Termin, Menge etc.) liegen beim Lieferanten?

▶ Wie umfangreich sind die erwarteten Leistungen beim Service und After-Sales-Support?

▶ Wird erwartet, dass der Lieferant zu Produkt- und Prozessverbesserungen beim Abnehmer, beispielsweise durch Wertanalyse-Aktivitäten, beiträgt?

Trägt man alle Antworten auf einer vorher zu definierenden Punkteskala ab und summiert die Punkte auf, so ergibt sich ein Wert für die logistische Verantwortung des Lieferanten.

7.3.2 Logistisches Risiko für den Abnehmer

Unternehmen können das logistische Risiko ebenfalls anhand einer Reihe von Fragen ermitteln:

▶ Welche Sourcing-Strategie wird bei diesem Beschaffungsobjekt verfolgt (Single-, Dual- oder Multiple-Sourcing)? Existieren verfügbare Alternativlieferanten oder Substitutionsprodukte?

▶ Sind die Verantwortlichkeiten in der Supply Chain eindeutig und sinnvoll aufgeteilt? Nimmt der Lieferant seine Verantwortlichkeiten wahr?

▶ Welchen Einfluss hat die zeit- und qualitätsgerechte Zulieferung des Beschaffungsobjektes auf die eigene Logistik und Fertigung?

▶ Welche Klassifizierung nimmt das Beschaffungsobjekt in der XYZ-Analyse ein?

▶ Erfolgt für dieses Beschaffungsobjekt eine Wareneingangskontrolle? Von wem wird sie wahrgenommen (Abnehmer, Logistik-Dienstleister, Lieferant)? Wie umfassend ist diese (Mengen-, Sicht-, Funktionsprüfung)?

▶ Bestimmt die zeit- und qualitätsgerechte Zulieferung des Beschaffungsobjektes die eigene Durchlaufzeit? Liegt diese Zulieferung auf dem kritischen Pfad?

▶ Wie komplex ist das beschaffungslogistische Konzept? Ist das Konzept oder dessen Anwendung neu für den Abnehmer?

▶ Wie schnitt der Lieferant bei den relevanten Kriterien der Lieferantenbewertung in der Vergangenheit ab (Termin- und Mengentreue, Qualitätskennzahlen etc.)? Welche Performance wird für die Zukunft erwartet?

▶ Verfügt der Lieferant über ein funktionierendes TQM-System?

▶ Existiert eine Lieferantenstrategie für diesen Lieferanten? Beinhaltet die Strategie auch Verbesserungsbedarfe/-ziele für die Industrialisierungsphase?

▶ Welchen Einfluss haben Produkt- und Prozessverbesserungen (z. B. Wertanalyse) auf die Wettbewerbsfähigkeit des Abnehmers? Wie groß ist der mögliche und tatsächliche Beitrag des Lieferanten zu diesen Verbesserungen?

Analog zur horizontalen Achse kann man durch Abtragen der Antworten auf einer Punkteskala und anschließender Aufsummierung der Punkte den Grad des logistischen Risikos für den Abnehmer ermitteln.

7.3.3 Normstrategien

Bei der Lieferantenintegration in der Industrialisierungsphase kann man folgende Normstrategien unterscheiden:

▶ **Kritisches Teil:** Ein hohes logistisches Risiko für den Abnehmer ist gepaart mit geringer logistischer Verantwortung des Lieferanten. Hier handelt es sich um aus Sicht des Lieferanten einfache Teile, die vom Abnehmer schwer zu planen sind (Z-Teil, d. h. unregelmäßiger Verbrauch mit geringer Vorhersagegenauigkeit), aber gleichzeitig bei Fehlteilen schwer wiegende Folgen nach sich ziehen (A-Teile). Zwischen Abnehmer und Lieferant ist jedoch kein logistisches Planungs- und Steuerungssystem, z. B. in Form einer IT-Lösung, implementiert, welches die Gefahr reduzieren könnte. Der Abnehmer muss hier versuchen, durch Materialsubstitution sein Risiko zu verringern oder gemeinsam mit dem Lieferanten ein geeignetes beschaffungslogistisches Konzept aufbauen.

▶ **Routine-Teil:** Routine-Teile sind ebenfalls einfache Teile, die keine großen Anforderungen an die Logistik des Lieferanten stellen. Im Gegensatz zu den kritischen Teilen sind sie jedoch für den Abnehmer logistisch ebenfalls einfach plan- und handhabbar. Ferner sind keine innovativen Logistik-Konzepte, wie z. B. VMI oder JIT, implementiert. Eine enge Einbindung des Lieferanten ist deshalb nicht erforderlich. Meist kann man einfach auf alternative Bezugsquellen zugreifen. Bei dieser Strategie der Lieferantenintegration können Abnehmer und Lieferant opportunistisch miteinander umgehen.

▶ **Strategisches Teil:** Der Abnehmer hat ein hohes logistisches Risiko, jedoch steht auch der Lieferant in der Verantwortung. Beispiele dafür bieten innovative und komplexe beschaffungslogistische Konzepte. Ein Beispiel dafür ist die produktionssynchrone Beschaffung in der Automobilindustrie, gekennzeichnet durch Direktabrufe, Lieferantenansiedlung in Werksnähe des Abnehmers und gemeinsame Bestandssteuerung. Der Lieferant trägt ein großes Risiko (Vertragsstrafen) und tätigt spezifische Investitionen. Der Lieferant muss hier sehr eng in die eigenen Prozesse integriert sein. Man muss einen integrierten Informationsfluss und den Austausch aktueller Daten sicherstellen. Ein partnerschaftliches Verhältnis zwischen Lieferant und Abnehmer und eine enge Integration sind dabei sehr wichtig.

▶ **Unkritisches Teil:** Bei unkritischen Teilen trägt der Lieferant zwar eine große logistische Verantwortung – für den Abnehmer hingegen ist das logistische Risiko begrenzt. Der Abnehmer befindet sich in einer dominanten Position und kann folglich vom Lieferanten Leistungen verlangen, die diesen vor große Herausforderungen stellt. Beispiele hierfür sind hohe Anforderungen an den After-Sales-Support oder die Forderung nach kontinuierlicher Verbesserung und Preisreduzierung während der Industrialisierungsphase. Eine andere Möglichkeit besteht darin, dass der Abnehmer dem Lieferanten logistische Aufgaben überträgt, die dieser nur in einem partnerschaftlichen Verhältnis mit dem Abnehmer bewältigen kann. In beiden Fällen hält sich das Risiko für den Abnehmer in Grenzen, da auf die Leistungsfähigkeit des Lieferanten Verlass ist, oder der Abnehmer u. U. auf Alternativlieferanten zurückgreifen kann.

Verbesserungen in der Industrialisierungsphase führen beispielsweise zu kürzeren Wiederbeschaffungszeiten, zuverlässigeren Lieferzusagen, geringeren Planabweichungen, niedrigeren Beständen, schnellerer Umsetzung von Produktänderungen, weniger Qualitätsproblemen, stabilen und wettbewerbsfähigen Preisen und zu Aufträgen, denen der Lieferant eine hohe Priorität beimisst.

 Das gemeinsam mit dem strategischen Partner Bossard umgesetzte neue Direktbelieferungskonzept zur Versorgung von Werken der **Geberit** Gruppe mit Verbindungselementen demonstriert, dass Lieferantenintegration in der Industrialisierungsphase – gepaart mit erprobten innovativen Lösungen – enorme Rationalisierungspotenziale freisetzen kann.

Das von Bossard entwickelte Kanban-2-Behälter-System basiert auf dem einfachen, jedoch bestechenden Grundprinzip, dass für jeden Artikel mindestens zwei Behälter zur Verfügung stehen, die am Verbrauchsort hintereinander angeordnet werden. Ist ein Behälter leer, gilt dies als Zeichen für den benötigten Nachschub. Der leere Behälter, der durch einen vollen ersetzt wird, ist das Signal für die Nachbestellung. Durch die Integration des Lieferanten Bossard vereinfachte sich der Beschaffungsablauf bei Geberit erheblich. Die zahlreichen Einzelschritte von der Angebotseinholung bis zur Lagerbewirtschaftung, die bei der konventionellen Lösung einen erheblichen Aufwand verursachen und ein erhöhtes Fehlerrisiko beinhalten, entfallen.

Das Kanban-2-Behälter-System reduzierte die Logistikkosten um 72 %. Hinzu kommen Materialkosteneinsparungen in Höhe von 27 %. Zur Realisierung des Rationalisierungspotenzials tragen z. B. der vollständige Wegfall von Disposition und Bestelladministration, der Wegfall des Aufwandes für Wareneingang und Wareneingangskontrolle, der minimale Aufwand für interne Transporte bei Geberit, die automatische Mengenkorrektur, der Wegfall des Abfüllens der Behälter durch Geberit, der Wegfall von Verpackungen und die monatliche Sammelrechnung bei. Weitere Vorteile des Kanban-Prinzips liegen für Geberit und Bossard in reduzierten Lagerbeständen, in höherer Verfügbarkeit und in kürzeren Durchlaufzeiten.

Da Geberit die Gesamtverantwortung für die Beschaffung von Schraubverbindungen vollständig delegierte und den Lieferanten sehr weit gehend in produktionsnahe Versorgungsprozesse integrierte, waren Vertrauen in die Leistungsfähigkeit von Bossard und eine langfristig angelegte strategische Partnerschaft eine unbedingte Voraussetzung. Ursprünglich versorgten zehn Lieferanten die Geberit Gruppe mit den Verbindungselementen (Multiple-Sourcing), die jetzt von nur noch einem Lieferanten bezogen werden (Single-Sourcing).

Geberit gestaltete die Art der Lieferantenintegration für Verbindungselemente neu: vom Quadranten „Routine-Teil" zum Quadranten „Unkritisches Teil". Durch das neue beschaffungslogistische Konzept stieg die logistische Verantwortung des Lieferanten erheblich. Geberit begrenzte aber – wie oben beschrieben – das eigene logistische Risiko z. B. durch die Auswahl erfahrener Lieferanten und ein partnerschaftliches Verhältnis.

7.4   Zusammenfassung

In den nächsten Jahren wird das Management der gesamten Zulieferkette immer wichtiger. Das Management des unmittelbaren Vorlieferanten reicht oftmals nicht mehr aus. Dies betrifft auch die Lieferantenintegration.

Bevor Unternehmen die gesamte Zulieferkette integrieren können müssen sie eine hohe Professionalität beim Management der direkten Lieferanten (1st-Tier-Lieferanten) an den Tag legen.

Untersuchungen bestätigen wiederum, dass Unternehmen, die im Lieferantenmanagement sehr weit fortgeschritten sind, auch in das Management des Zuliefernetzwerkes aktiver eingreifen, so beispielsweise die Automobilhersteller.

BMW kauft Frontmodule aus Kunststoff von Systemlieferanten wie Rehau ein. Für BMW ist es selbstverständlich, sowohl Rehau als auch den Lieferanten der Kunststoffgranulate, wie BASF oder Dow Chemicals, in interne Beschaffungsprozesse zu integrieren.

OEM nehmen verstärkt auf die Lieferantenauswahl ihrer Lieferanten Einfluss. Sie schreiben keine Lieferanten vor, lassen sich aber Lieferanten vor der endgültigen Auswahl bestätigen. Der Spielraum der Systemlieferanten in Bezug auf Preis und Technologie reduziert sich stark. Der Systemlieferant befindet sich häufig in der Situation eines „gequetschten Systemlieferanten". Die Geschäftsbeziehungen werden aufgrund der Verhandlungsmacht der OEM und der Sub-Lieferanten in hohem Maße fremdbestimmt.

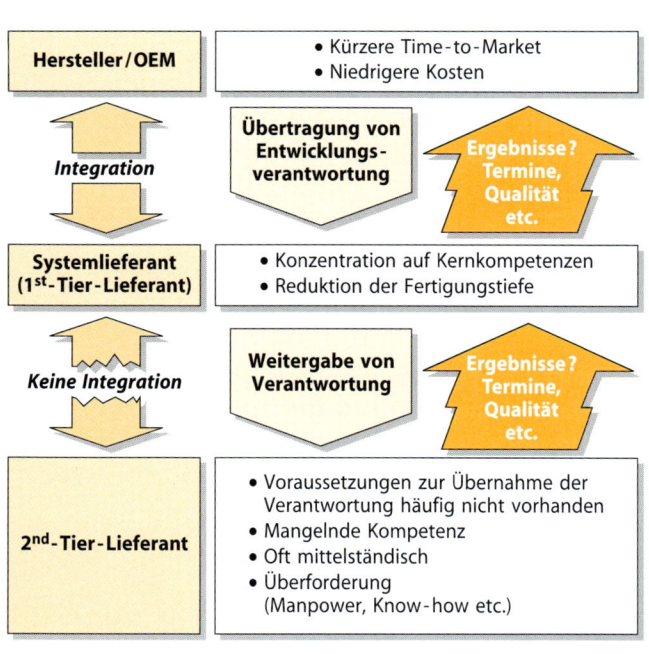

Bild 35: *„Upstream"-Integration*

Neben den internen Fähigkeiten spielen die Macht-konstellationen in der Supply Chain bei der Ausgestaltung der Integration der gesamten Zulieferkette eine wichtige Rolle.

Die Technologie-, Qualitäts-, Kosten- und Logistikanforderungen der Hersteller sind enorm. Lieferanten können diese Anforderungen nur erfüllen, wenn sich ihre gesamte Supply Chain daran orientiert. Die Übertragung der Anforderungen der Hersteller auf die Systemlieferanten erfordert, dass Systemlieferanten Anforderungen gegenüber den Sub-Lieferanten entsprechend weitergeben. Mangelhafte Integration der Sub-Lieferanten führt häufig zu Problemen beim Systemlieferanten und beim OEM.

8 Fazit

8.1 Gesamtkonzept

Lieferantenmanagement stellt ebenso wie das Management der Gesamtunternehmung eine Führungsaufgabe dar. Manager können die ihnen übertragene Führungsverantwortung jedoch nur dann umfassend wahrnehmen, wenn sie die Aufgaben in ein Führungskonzept fassen. Dies gilt auch für die Aufgaben des Lieferantenmanagements. Die zahlreichen, in diesem Buch beschriebenen Ansätze zeigen die Vielschichtigkeit der Thematik. Nun gilt es, die für ein Unternehmen notwendigen Inhalte in ein integriertes Gesamtkonzept zu gießen. Ein in sich konsistentes, unternehmensspezifisches Konzept bringt zahlreiche Vorteile mit sich:

▶ bessere Abstimmung der einzelnen Aufgaben des Lieferantenmanagements;
▶ Sichtbarmachung von Abhängigkeiten und Schnittstellen;
▶ Hilfestellung bei der Bewältigung der Komplexität im Lieferantenmanagement;
▶ Vereinfachung der Kommunikation des Lieferantenmanagements im Unternehmen auf unterschiedlichen Ebenen.

 Wie auch schon die Erarbeitung der einzelnen Aktivitäten des Lieferantenmanagements sollte die Erarbeitung des Gesamtkonzeptes in Workshops mit interdisziplinären Teams erfolgen. Als Standardablauf empfiehlt sich:
• Definition einer „Vision" und Erarbeitung einer Strategie für das Lieferantenmanagement;
• Sammlung sämtlicher im Unternehmen vorhandener Einzelaktivitäten und Methoden;

- Aufzeigen der Abhängigkeiten zwischen den Einzelaktivitäten und Methoden;
- Prüfung auf Konsistenz;
- Ermittlung von Defiziten (Vollständigkeit, Inkonsistenz);
- Schließen der Lücken und Beseitigung der Inkonsistenzen;
- Zusammenführung der nun vollständigen und konsistenten Einzelaktivitäten und Methoden zu einem Gesamtkonzept;
- Veranschaulichung des Konzeptes in Diagrammen oder Prozessabbildungen.

Ein Konzept zum aktiven Lieferantenmanagement sollte einigen Forderungen gerecht werden:

▶ Erstens muss ein Gesamtkonzept der Forderung nach einem möglichst hohen Grad an **Modularität** und **Flexibilität** nachkommen. Da es sich um die Zusammenführung zahlreicher Einzelmaßnahmen, Aktivitäten und Strukturen handelt und stets die Notwendigkeit entstehen kann, neue Aufgaben wahrzunehmen, muss das Gesamtkonzept in der Lage sein, neue Elemente flexibel aufzunehmen.

▶ Als zweites steht das Kriterium der **Neutralität**. Durch Verzicht auf eine einseitige oder enge Ausrichtung besteht die Möglichkeit, den Bedürfnissen unterschiedlicher Gruppen im Unternehmen (z. B. Business Units, Standorte) gerecht zu werden.

▶ Damit zusammenhängend steht drittens die Forderung nach einer hohen **Akzeptanz** des Konzeptes.

 Wenn ein Management-Konzept nicht akzeptiert und gelebt wird, ist es wertlos.

▶ Viertens muss zur **Verständlichkeit** des Lieferantenmanagements das Gesamtkonzept einfach sein und anschaulich dargestellt werden können.

 Der Elektrokonzern **Siemens** führte auf Konzernebene und auf Ebene der einzelnen Geschäftsbereiche einen neuen und ganzheitlichen Ansatz zum Lieferantenmanagement ein. Ausgangspunkt war ein umfassendes Best Practice-Benchmarking mit acht internationalen Unternehmen aus der Automobil- und Elektronikindustrie. Siemens verfolgte das Ziel, derzeitige Praktiken zu verbessern und Lieferantenbeziehungen über Geschäftsbereiche hinweg abzugleichen und zu koordinieren. Ergebnis der Konzeptarbeit war das neue Siemens Lieferantenmanagement-System (SMS).

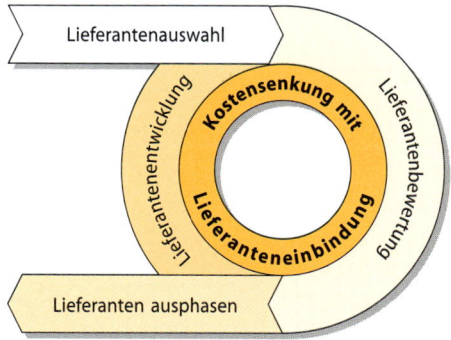

Bild 36: *Siemens Lieferantenmanagement-System (SMS)*

 Beim amerikanischen Flugzeughersteller **Cessna** spielt sich Lieferantenmanagement in einem vierstufigen Sourcing-Prozess ab. Dieser Prozess enthält alle wesentlichen Aktivitäten des Lieferantenmanagements:

1 **Supplier rationalization**

- Identifying the best suppliers globally

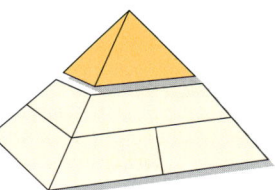

2 **Establish supplier partnerships**

- Negotiating agreements with preferred suppliers
- Focusing more and more business into only the best suppliers

„Long term agreements"

3 **Help suppliers improve**

- Quality
- Delivery
- Service
- Cost
- Technology

Increased supplier performance

4 **Integrate suppliers into Cessna**

- Design and development
- Production
- E-commerce
- Product support

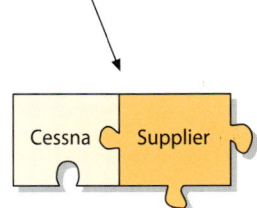

Bild 37: *Der Strategic Sourcing Process bei Cessna – ein Lieferanten-management-Ansatz*

- Auswahl der weltweit besten Lieferanten und Lieferanten-rationalisierung;
- Aufbau langfristiger Lieferantenpartnerschaften;
- Verbesserung der Lieferantenfähigkeiten;
- Lieferantenintegration in verschiedenen Phasen.

8.2   Schlussbemerkungen

Die Notwendigkeit zur Verbesserung der Fähigkeiten im Lieferantenmanagement wird in der Praxis zunehmend erkannt. Mit weiter abnehmender Fertigungstiefe, der Konzentration auf Kernkompetenzen und dem Streben nach schlanken und agilen Strukturen wird Lieferantenmanagement in Zukunft noch bedeutsamer.

Die erwünschten

▶ operativen Ergebnisse und
▶ wettbewerbsstrategischen Ergebnisse

stellen sich jedoch nur ein, wenn alle drei Aktivitäten des Lieferantenmanagements entsprechend den Anforderungen des Unternehmens konzipiert und umgesetzt werden.

Ein in sich konsistentes Lieferantenmanagement muss alle Aktivitäten

▶ des Managements der Lieferantenbasis,
▶ der Lieferantenentwicklung und
▶ der Lieferantenintegration

zusammenführen und auf operative und strategische Ziele ausrichten.

Veränderungen im Unternehmen und Veränderungen der Umwelt verlangen ständig die Weiterentwicklung und kontinuierliche Verbesserung des Lieferantenmanagements.

Nur **aktives Lieferantenmanagement** kann die sich auf den Beschaffungsmärkten bietenden Potenziale nachhaltig ausschöpfen.

Mit der Einführung eines aktiven Lieferantenmanagements können Unternehmen einen positiven Kreislauf in Gang setzen, der ihnen immer wieder hilft, auf neue Anforderungen an das Beschaffungsportfolio sowie auf Veränderungen der Beschaffungsmärkte schnell und strukturiert zu reagieren. Dies stärkt neben der Beschaffungs- auch die Marktseite des Unternehmens.

Literatur

Alle Pocket-Power-Bände, siehe hintere innere Umschlagseite.

Belz, C. und Mühlmeyer, J. (Hrsg.): Key Supplier Management, St. Gallen, Thexis 2001
Strategische Partnerschaften mit Lieferanten; Konzepte und Tools des Key Supplier Managements; interne und externe Koordination; Herausgeberband

Boutellier, R. und Wagner, S.: Zielgerichtetes Lieferantenmanagement durch Lieferantenstrategien, in: ioManagement, Jg. 69, Nr. 7/8, 2000, S. 27–33
Lieferantenstrategien; Praxisbeispiele; Artikel

Hahn, D. und Kaufmann, L. (Hrsg.): Handbuch industrielles Beschaffungsmanagement: internationale Konzepte – innovative Instrumente – aktuelle Praxisbeispiele, 2. Auflage, Wiesbaden, Gabler 2001
Konzepte und Vorgehensweisen des Beschaffungsmanagements; wissenschaftliche und praxisorientierte Beiträge; Herausgeberband

Wagner, S.: Strategisches Lieferantenmanagement in Industrieunternehmen: eine empirische Untersuchung von Gestaltungskonzepten, Frankfurt, Peter Lang 2001
Umfassende wissenschaftliche Aufarbeitung der Thematik; Beziehungsmanagement; zahlreiche Fallstudien; statistische Analysen; Dissertation

Wagner, S. und Corsten, D.: Lieferantenmanagement: Lieferantenbeziehungen erfolgreich gestalten, in: Beschaffungsmanagement, Jg. 33, Nr. 251, Februar 1999, S. 10–14
Differenzierte Lieferantenbeziehungen; Methoden des Lieferantenmanagements; Artikel